SHOPIFY DROPSHIPPING

Guadagna Online con la Vendita di
Prodotti Senza Possederli

Greta Perla

Carissimi lettori,

È con grande entusiasmo che vi presento il mio libro "Shopify Dropshipping: Guadagna Online con la Vendita di Prodotti Senza Possederli". Spero che questa guida possa essere un'utile risorsa per voi che state cercando di avviare un'attività di dropshipping su Shopify o per coloro che desiderano migliorare la propria attività già avviata.

Ho dedicato molto tempo e sforzi per creare un libro completo e dettagliato, in grado di guidarvi attraverso ogni aspetto del dropshipping su Shopify. Grazie alla mia esperienza personale e professionale nel settore, ho raccolto una serie di suggerimenti e strategie pratiche che vi aiuteranno a evitare gli errori comuni e a prendere decisioni informate per la vostra attività.

So che iniziare un'attività di dropshipping può essere spaventoso e pieno di incertezze, ma spero che il mio libro possa darvi la fiducia e le conoscenze necessarie per prendere le giuste decisioni. Siate pronti ad apprendere, a mettere in pratica ciò che imparerete e a lavorare sodo per ottenere i risultati desiderati.

Infine, vorrei ringraziare tutti coloro che mi hanno sostenuta nel corso della stesura di questo libro, in particolare la mia famiglia e i miei amici più cari. Grazie anche a voi, lettori, per aver scelto di dedicare il vostro tempo alla lettura del mio libro.

Buona lettura!

Greta Perla

Non lasciare che la paura di fallire ti impedisca di sperimentare. Il successo nasce dall'azione, dalla costanza e dalla capacità di imparare dai propri errori.

GRETA PERLA

SOMMARIO

PREFAZIONE

Caro lettore,

Spero che tu abbia trovato utile e informativo il libro "Shopify Dropshipping: Guadagna Online con la Vendita di Prodotti Senza Possederli". Come autrice di questo libro, vorrei condividere con te alcune considerazioni finali.

Il commercio elettronico sta diventando sempre più popolare e il dropshipping è una delle opzioni più convenienti per avviare un'attività online. Tuttavia, come discusso nel libro, è importante che i dropshippers siano consapevoli dei potenziali problemi e delle sfide associate a questo modello di business.

La ricerca e la pianificazione accurata sono fondamentali per avere successo nel dropshipping. I dropshippers devono essere in grado di trovare i prodotti giusti da vendere, scegliere i fornitori affidabili e costruire un sito web di successo per la loro attività. Inoltre, come discusso nel libro, i dropshippers devono anche essere in grado di gestire adeguatamente le questioni fiscali e legali.

Il dropshipping può essere un'opzione eccellente per gli imprenditori che cercano di avviare una nuova attività online. Tuttavia, come con qualsiasi altra attività imprenditoriale, è importante essere preparati e fare le giuste scelte per avere successo.

Spero che questo libro ti abbia fornito le informazioni necessarie per avviare la tua attività di dropshipping e che tu abbia trovato i consigli e le strategie condivise utili e pratici.

Ti ringrazio per aver letto questo libro e ti auguro il massimo successo nella tua attività di dropshipping.

Cordiali saluti,

Greta Perla

INTRODUZIONE

Il mondo del commercio elettronico è in costante crescita, offrendo infinite opportunità per chiunque desideri avviare un'attività online. Una delle strategie più popolari nel commercio elettronico è il dropshipping, che consente di vendere prodotti senza possederli fisicamente. Questo modello di business ha rivoluzionato il modo in cui le persone fanno affari online, ma per molte persone può essere difficile comprendere i dettagli e le sfide del dropshipping.

È qui che entra in gioco "Shopify Dropshipping: Guadagna Online con la Vendita di Prodotti Senza Possederli", scritto da me, Greta Perla. Questo libro è stato creato per fornire una guida completa su come iniziare e gestire un'attività di dropshipping di successo utilizzando la piattaforma di e-commerce Shopify.

In questo libro, troverai tutto ciò di cui hai bisogno per iniziare la tua attività di dropshipping, dal trovare i migliori prodotti da vendere, alla creazione di un sito web Shopify vincente, alla gestione del marketing e della logistica. Ma non si tratta solo di tecniche e strategie pratiche: "Shopify Dropshipping" ti aiuterà anche a sviluppare una mentalità imprenditoriale vincente e a superare le sfide che possono presentarsi lungo il cammino.

La mia esperienza personale nel mondo del commercio elettronico mi ha portato a scoprire i segreti del dropshipping e di Shopify, e ho deciso di condividere questi segreti con te attraverso questo libro. Con la mia guida, sarai in grado di sfruttare appieno il potenziale del dropshipping e di Shopify, ottenendo successo nel tuo business online.

Preparati a intraprendere un viaggio emozionante e apprendere tutto ciò che c'è da sapere sul dropshipping con Shopify. Che tu sia un imprenditore esperto o un principiante, "Shopify Dropshipping: Guadagna Online con la Vendita di Prodotti Senza Possederli" ti fornirà gli strumenti e la conoscenza necessari per avere successo nel mondo del commercio elettronico.

PREFAZIONE

Il mondo del commercio elettronico è in costante evoluzione e, grazie all'avvento della tecnologia, le opportunità di guadagno online sono sempre più numerose. Uno dei metodi di business online che ha attirato l'attenzione di molte persone negli ultimi anni è il dropshipping.

Il dropshipping è una forma di commercio elettronico in cui il venditore non tiene fisicamente i prodotti in magazzino, ma li acquista direttamente dal produttore o dal fornitore e li spedisce direttamente al cliente finale. In questo modo, il venditore non deve preoccuparsi di gestire lo stoccaggio, la logistica e la spedizione dei prodotti.

Il dropshipping ha permesso a molte persone di avviare un'attività online senza la necessità di grandi investimenti iniziali, creando un'opportunità per coloro che desiderano fare impresa ma che non hanno i mezzi per farlo in modo tradizionale.

In questo libro, Greta Perla guida i lettori attraverso il processo di creazione e gestione di un'attività di dropshipping su Shopify, una delle piattaforme più popolari per il commercio elettronico.

Greta fornisce informazioni dettagliate su come trovare i prodotti giusti da vendere, come creare un negozio online su Shopify, come scegliere i fornitori e come gestire le spedizioni. Inoltre, il libro fornisce informazioni sui migliori strumenti e servizi da utilizzare per facilitare la gestione dell'attività.

Ma non si tratta solo di tecniche e strategie. Greta condivide anche la sua esperienza personale nel mondo del dropshipping, fornendo consigli preziosi su come affrontare le difficoltà e come mantenere la motivazione quando si avvia un'attività imprenditoriale.

Questo libro è pensato per tutti coloro che desiderano avviare un'attività di dropshipping su Shopify, ma anche per coloro che sono già attivi in questo settore e desiderano approfondire le loro conoscenze e strategie.

Spero che questo libro sia un'utile risorsa per tutti coloro che desiderano avviare un'attività di dropshipping su Shopify e che Greta Perla possa fornire ispirazione e motivazione a tutti i lettori.

PROLOGO

Il cielo era di un blu intenso e il sole stava calando all'orizzonte, tingendo il paesaggio di sfumature arancioni e rosa. Mi trovavo seduta sulla veranda, immersa nella lettura di un libro che mi aveva catturata fin dalle prime pagine.

Mi chiamo Greta Perla, e da anni mi occupo di marketing online e di e-commerce. Ho deciso di scrivere questo libro per condividere la mia esperienza e le mie conoscenze sul mondo del dropshipping.

Il dropshipping è un modello di business che consente di vendere prodotti online senza possederli fisicamente, ma facendosi carico solo della promozione e della vendita. In questo libro, ti mostrerò come creare un negozio di dropshipping di successo e come massimizzare i tuoi guadagni.

Attraverso le pagine di questo libro, ti insegnerò come trovare i prodotti giusti da vendere, come scegliere il fornitore giusto, come creare un sito web di successo e come promuovere il tuo negozio online attraverso le strategie di marketing più efficaci.

Ma non è tutto: ti parlerò anche dei rischi e delle sfide che il dropshipping comporta e ti darò consigli su come affrontarle al meglio. Inoltre, ti insegnerò a costruire un brand solido e affidabile, capace di conquistare la fiducia dei tuoi clienti.

Sarò la tua guida in questo viaggio nel mondo del dropshipping, che ti porterà a scoprire nuove opportunità di business e a realizzare i tuoi obiettivi di guadagno online.

Siediti comodo, prendi il tuo blocco note e inizia a prendere appunti: il mondo del dropshipping ti aspetta!

CAPITOLO 1 - INTRODUZIONE AL DROPSHIPPING CON SHOPIFY

Questo capitolo fornirà una panoramica generale su come il dropshipping funziona con Shopify e come può essere un'opzione redditizia per avviare un business online.

Il mondo degli affari sta cambiando rapidamente, con l'avvento dell'e-commerce e la crescente popolarità degli acquisti online. Questo ha portato all'apertura di nuove opportunità per i giovani imprenditori che desiderano avviare un'attività online. Tra le diverse opzioni disponibili, il dropshipping con Shopify è diventato estremamente popolare per il suo basso costo e la facilità di avvio.

In questo capitolo, esploreremo il concetto di dropshipping con Shopify, come funziona e come può essere un'opzione redditizia per avviare un business online.

Cos'è il Dropshipping?

Il dropshipping è un modello di business in cui il venditore non detiene la merce che vende, ma la ordina dal produttore o da un fornitore terzo solo quando un cliente effettua un ordine. In pratica, il venditore funge da intermediario tra il cliente e il fornitore, gestendo solo la parte commerciale della transazione.

In questo modo, il venditore non deve preoccuparsi di gestire il magazzino, l'inventario o la spedizione dei prodotti. Ciò significa anche che il venditore non è responsabile per eventuali problemi relativi alla consegna dei prodotti, poiché questa responsabilità è del fornitore.

Il Dropshipping con Shopify

Shopify è una piattaforma di e-commerce che consente di creare e gestire facilmente un negozio online. Grazie alla sua semplicità d'uso e alla vasta gamma di funzioni disponibili, Shopify è diventato uno dei principali strumenti per l'e-commerce in tutto il mondo.

Il dropshipping con Shopify consiste nel creare un negozio online che vende prodotti senza possederli fisicamente. Una volta che il cliente effettua un ordine, il fornitore terzo (che detiene la merce) viene automaticamente informato dell'acquisto tramite la piattaforma Shopify. A questo punto, il fornitore procede alla spedizione del prodotto direttamente al cliente, e il venditore riceve una percentuale del prezzo di vendita come profitto.

Questo modello di business presenta molti vantaggi, tra cui:

- Bassi costi di avvio: non sono necessari grandi investimenti iniziali per acquistare l'inventario.
- Nessun bisogno di gestire l'inventario o di preoccuparsi della spedizione dei prodotti: tutto questo è gestito dal fornitore terzo.
- Possibilità di vendere una vasta gamma di prodotti: grazie alla disponibilità di un vasto assortimento di produttori e fornitori terzi, è possibile vendere una vasta gamma di prodotti senza doverli acquistare e

immagazzinare fisicamente.

Come funziona il Dropshipping con Shopify?

Per avviare un'attività di dropshipping con Shopify, il primo passo è creare un account Shopify e scegliere il piano tariffario più adatto alle proprie esigenze.

Una volta creato il proprio negozio online, il passo successivo è selezionare i prodotti da vendere. Questa è una fase critica del processo, in quanto è importante trovare prodotti di alta qualità e a prezzi competitivi che si adattino al proprio mercato di riferimento.

Una volta selezionati i prodotti, è necessario trovare fornitori terzi che abbiano la merce in magazzino e che siano disposti a collaborare con il proprio negozio online. Ci sono diverse piattaforme online che consentono di trovare fornitori affidabili, come AliExpress, Oberlo e SaleHoo.

Una volta trovati i fornitori, è possibile importare i prodotti nel proprio negozio online Shopify utilizzando strumenti come Oberlo, che consente di importare automaticamente i prodotti dai fornitori terzi direttamente nel proprio negozio.

Una volta importati i prodotti, è possibile personalizzare il proprio negozio online, aggiungendo descrizioni, immagini e prezzi dei prodotti. È importante curare i dettagli del proprio negozio online, in modo da renderlo attraente e facile da navigare per i clienti.

Una volta che il negozio online è pronto, è possibile iniziare a promuovere i prodotti e a gestire gli ordini dei clienti. Quando un cliente effettua un ordine, il fornitore terzo viene automaticamente informato attraverso la piattaforma Shopify, e si occupa della spedizione del prodotto direttamente al cliente. Il venditore riceve una percentuale del prezzo di vendita come profitto.

È importante monitorare attentamente i profitti e le vendite del proprio negozio online, e apportare eventuali modifiche per ottimizzare le performance e aumentare i profitti.

Conclusione

In sintesi, il dropshipping con Shopify è un modello di business online che consente di avviare un'attività senza la necessità di investimenti iniziali per l'acquisto e l'immagazzinamento di inventario. Grazie alla piattaforma Shopify e alla disponibilità di fornitori terzi, è possibile selezionare e vendere una vasta gamma di prodotti online.

Il dropshipping con Shopify presenta diversi vantaggi, come bassi costi di avvio, la possibilità di vendere una vasta gamma di prodotti e la gestione semplificata dell'inventario e della spedizione dei prodotti.

Tuttavia, è importante tenere presente che il dropshipping con Shopify richiede una pianificazione attenta e una gestione costante per garantire il successo dell'attività. È importante trovare fornitori affidabili, selezionare prodotti di alta qualità e prezzi competitivi, e curare attentamente il proprio negozio online.

In definitiva, il dropshipping con Shopify può essere un'opzione redditizia per avviare un'attività online, ma richiede impegno e dedizione per ottenere risultati positivi.

CAPITOLO 2 - SCEGLIERE IL TUO NICHE DI MERCATO

In questo capitolo si discuterà di come selezionare un mercato di nicchia redditizio e come individuare i prodotti giusti per vendere.

Il successo del dropshipping con Shopify dipende in gran parte dalla scelta del tuo niche di mercato. Scegliere una nicchia redditizia può significare la differenza tra un business online di successo e uno che fallisce. In questo capitolo, esploreremo i passaggi fondamentali per selezionare un mercato di nicchia redditizio e come individuare i prodotti giusti per vendere.

Cos'è una nicchia di mercato?

Una nicchia di mercato è un'area specifica di un mercato più ampio in cui un'azienda si concentra. Una nicchia di mercato può essere definita in base a vari fattori, tra cui il tipo di prodotto, la fascia di età del cliente, la posizione geografica, il livello di reddito e le esigenze specifiche del cliente.

Perché è importante scegliere una nicchia di mercato?

Scegliere una nicchia di mercato redditizia è fondamentale per il successo del tuo business online. Un mercato di nicchia ti consente di concentrare le tue risorse su un pubblico specifico, riducendo la concorrenza e migliorando la possibilità di ottenere profitti.

Inoltre, scegliere una nicchia di mercato ti consente di diventare un esperto in quel settore specifico, acquisendo conoscenze approfondite e costruendo relazioni con i clienti in quel settore.

Come scegliere una nicchia di mercato?

Scegliere una nicchia di mercato richiede un po' di ricerca e analisi di mercato. Di seguito sono riportati alcuni passaggi fondamentali per scegliere una nicchia di mercato redditizio.

Passaggio 1: Identifica le tue passioni e interessi

Per selezionare un mercato di nicchia redditizio, è importante iniziare identificando le tue passioni e interessi. Se scegli una nicchia che ti piace, sarai più motivato a lavorare duramente per far crescere il tuo business.

Passaggio 2: Ricerca di mercato

Una volta identificati i tuoi interessi, il passo successivo è effettuare una ricerca di mercato per identificare le nicchie che stanno attualmente avendo successo. Ciò può essere fatto utilizzando strumenti come Google Trends e il Keyword Planner di Google.

Passaggio 3: Analisi della concorrenza

Dopo aver identificato alcune nicchie di mercato, è importante analizzare la concorrenza in quelle nicchie. Questo ti consentirà di capire meglio il mercato e scoprire eventuali lacune nel mercato che potresti sfruttare.

Passaggio 4: Identifica le esigenze del cliente

Una volta identificata la nicchia di mercato, il passo successivo è comprendere le esigenze del cliente in quella nicchia. Ciò può essere fatto analizzando i commenti dei clienti sui prodotti correlati alla nicchia e cercando di capire cosa i clienti stanno cercando e cosa manca attualmente nel mercato.

Passaggio 5: Identifica i prodotti giusti da vendere

Dopo aver identificato le esigenze del cliente, il passo successivo è trovare i prodotti giusti da vendere. Ciò può essere fatto attraverso la ricerca dei fornitori terzi , utilizzando piattaforme come AliExpress e Oberlo. Cerca prodotti che siano unici e che rispondano alle esigenze dei tuoi clienti. Inoltre, è importante tenere presente che i prodotti devono avere un margine di profitto sufficiente per permettere al tuo business di crescere.

Passaggio 6: Valuta il potenziale di guadagno

Una volta individuati i prodotti giusti da vendere, è importante valutare il potenziale di guadagno nella tua nicchia di mercato. Analizza il prezzo dei prodotti, il margine di profitto e il volume di vendite per determinare se il mercato è redditizio.

Passaggio 7: Scegli una strategia di marketing efficace

Infine, scegli una strategia di marketing efficace per promuovere i tuoi prodotti. Ciò può includere la creazione di una pagina web attraente, l'utilizzo di pubblicità a pagamento sui social media e la creazione di contenuti di valore per attirare l'interesse dei tuoi potenziali clienti.

In conclusione, scegliere il tuo niche di mercato è fondamentale per il successo del tuo business di dropshipping con Shopify. Seguendo i passaggi sopra indicati, puoi identificare una nicchia di mercato redditizia e trovare i prodotti giusti da vendere. Ricorda di mantenere sempre un occhio attento sulla concorrenza e sulle esigenze del cliente, e di utilizzare una strategia di marketing efficace per promuovere il tuo business.

CAPITOLO 3 - IMPOSTAZIONE DEL TUO NEGOZIO ONLINE CON SHOPIFY

Questo capitolo tratterà dell'impostazione del tuo negozio online con Shopify, inclusa la scelta di un tema, la personalizzazione delle pagine e l'integrazione con i sistemi di pagamento.

Impostazione del tuo Negozio Online con Shopify

In questo capitolo, esploreremo i passaggi per impostare il tuo negozio online con Shopify. Impostare il tuo negozio online può sembrare un processo complicato, ma Shopify semplifica molto il processo di creazione di un negozio online professionale e funzionale.

Passaggio 1: Crea un account Shopify

Il primo passo per impostare il tuo negozio online con Shopify è creare un account Shopify. Puoi creare un account Shopify gratuitamente, ma dovrai sottoscrivere un piano di abbonamento per poter effettivamente vendere prodotti nel tuo negozio online.

Passaggio 2: Scegli un tema

Il tema del tuo negozio online è il design e la struttura del tuo negozio. Shopify offre una vasta gamma di temi gratuiti e a pagamento che puoi utilizzare per il tuo negozio. Scegliere il tema giusto per il tuo negozio è importante per creare un'esperienza di acquisto positiva per i tuoi clienti.

Al momento della scelta del tema, è importante tenere in considerazione il tuo marchio e il tuo pubblico di riferimento. Se vendessi prodotti di lusso, ad esempio, potresti voler scegliere un tema elegante e raffinato. Al contrario, se vendi prodotti per bambini, potresti voler scegliere un tema più colorato e vivace.

Una volta scelto il tema giusto, puoi personalizzarlo ulteriormente per soddisfare le tue esigenze. Shopify offre una vasta gamma di strumenti di personalizzazione per aiutarti a creare il design perfetto per il tuo negozio.

Passaggio 3: Personalizza le pagine

La personalizzazione delle pagine del tuo negozio online è importante per creare un'esperienza di acquisto positiva per i tuoi clienti. Ci sono diverse pagine che dovresti personalizzare, tra cui la home page, la pagina dei prodotti, la pagina del carrello e la pagina di checkout.

La home page del tuo negozio dovrebbe fornire un'idea generale dei tuoi prodotti e del tuo marchio. Dovresti includere immagini di alta qualità e testi accattivanti che catturino l'attenzione dei tuoi visitatori. Puoi anche includere un menu di navigazione per facilitare la navigazione del sito.

La pagina dei prodotti è dove i tuoi clienti visualizzeranno i tuoi prodotti. Dovresti includere immagini di alta qualità, descrizioni dettagliate dei prodotti e prezzi chiari. Includere recensioni dei clienti può anche aiutare a convincere i visitatori a fare acquisti.

La pagina del carrello e la pagina di checkout sono le pagine più importanti del tuo negozio online. Dovresti rendere queste pagine il più semplici e facili da usare possibile. Assicurati che i tuoi clienti siano in grado di vedere il prezzo totale del loro acquisto e di inserire facilmente le informazioni di pagamento.

Passaggio 4: Aggiungi i prodotti

Il passo successivo è aggiungere i prodotti al tuo negozio online. Per fare ciò, dovrai creare una pagina del prodotto per ogni prodotto che vendi.

Includi immagini di alta qualità del prodotto, una descrizione dettagliata del prodotto e il prezzo. È anche importante includere le informazioni sulla disponibilità e le varianti del prodotto, come le dimensioni, i colori e le opzioni di personalizzazione.

Puoi anche organizzare i tuoi prodotti in categorie per facilitare la navigazione del sito per i tuoi clienti. Ad esempio, se vendi abbigliamento, potresti avere categorie come "Uomo", "Donna", "Bambini" e "Accessori".

Passaggio 5: Configura i sistemi di pagamento

È importante configurare i sistemi di pagamento nel tuo negozio online per consentire ai clienti di pagare per i loro acquisti. Shopify offre diverse opzioni di pagamento, tra cui PayPal, Stripe, Apple Pay e altre.

Prima di configurare i sistemi di pagamento, è importante verificare le tariffe e le commissioni associate a ciascuna opzione di pagamento. Alcune opzioni di pagamento potrebbero addebitare commissioni più elevate rispetto ad altre.

È anche importante assicurarsi che il tuo sito sia sicuro per i pagamenti online. Shopify utilizza la crittografia SSL per proteggere i dati dei clienti durante il processo di pagamento.

Passaggio 6: Lanciare il tuo negozio online

Una volta che hai completato tutti i passaggi precedenti, il tuo negozio online è pronto per il lancio. Prima di lanciare il tuo negozio online, assicurati di testare tutte le pagine e i sistemi di pagamento per assicurarti che funzionino correttamente.

Puoi anche utilizzare strumenti di marketing come le email di marketing, i social media e la pubblicità online per promuovere il tuo negozio online e raggiungere un pubblico più ampio.

Conclusioni

Impostare il tuo negozio online con Shopify può sembrare un processo complicato, ma con i giusti strumenti e le giuste strategie, è possibile creare un negozio online professionale e di successo. Seguendo questi passaggi, puoi creare un negozio online accattivante e funzionale che offra ai tuoi clienti un'esperienza di acquisto positiva e sicura.

CAPITOLO 4 - RICERCA DEI FORNITORI PER IL TUO NEGOZIO

In questo capitolo si discuterà di come trovare fornitori affidabili e produttori di alta qualità per la tua attività di dropshipping.

Il successo del tuo negozio di dropshipping dipende in gran parte dalla qualità dei prodotti che vendi. Per questo motivo, è fondamentale trovare fornitori affidabili e produttori di alta qualità per garantire che i tuoi clienti ricevano prodotti di qualità e che il tuo negozio online mantenga una buona reputazione.

In questo capitolo, discuteremo di come trovare fornitori affidabili e produttori di alta qualità per la tua attività di dropshipping. Esploreremo diversi modi per trovare i migliori fornitori, come valutarli e come stabilire una relazione di lavoro efficace.

Identificare le tue esigenze di fornitura

Prima di iniziare a cercare fornitori per il tuo negozio di dropshipping, devi sapere quali prodotti vuoi vendere e quante unità ti aspetti di vendere. Questi fattori determineranno il tipo di fornitore di cui hai bisogno. Ad esempio, se prevedi di vendere un gran numero di prodotti, dovrai cercare fornitori che siano in grado di soddisfare la tua domanda. D'altra parte, se stai iniziando con una gamma limitata di prodotti, potresti voler considerare fornitori più piccoli o specializzati.

Cercare fornitori online

Uno dei modi più comuni per trovare fornitori online è attraverso i motori di ricerca. Puoi cercare produttori e grossisti utilizzando parole chiave specifiche relative ai prodotti che desideri vendere. Ad esempio, se vuoi vendere scarpe da corsa, potresti cercare "produttori di scarpe da corsa" o "grossisti di scarpe da corsa".

Inoltre, ci sono anche piattaforme online come Alibaba, DHgate e AliExpress che collegano i rivenditori ai produttori e ai grossisti. Queste piattaforme consentono di cercare fornitori in base alla posizione, alle recensioni dei clienti, alle opzioni di spedizione e alla capacità di gestire grandi volumi di prodotti.

Fiere e esposizioni commerciali

Le fiere e le esposizioni commerciali sono un ottimo modo per incontrare potenziali fornitori di persona e vedere i loro prodotti. Molte fiere commerciali sono aperte solo ai professionisti del settore, ma ci sono anche fiere aperte al pubblico in cui puoi incontrare fornitori di tutti i tipi. Puoi cercare online le fiere commerciali che si svolgono nella tua zona o in altre regioni.

I vantaggi di partecipare a una fiera commerciale sono molteplici. Innanzitutto, ti danno la possibilità di vedere i prodotti di persona e valutarne la qualità. Inoltre, puoi parlare con i rappresentanti dell'azienda per saperne di più sui loro prodotti e sulle loro politiche di fornitura.

La valutazione dei fornitori

Una volta trovati i fornitori potenziali, è importante valutarli per garantire che siano affidabili e in grado di fornire prodotti di alta qualità. Ecco alcuni fattori chiave da considerare quando si valutano i fornitori:

Qualità dei prodotti: la qualità dei prodotti è essenziale per la tua attività di dropshipping.

Assicurati che i fornitori che stai valutando offrano prodotti di alta qualità che soddisfino le aspettative dei tuoi clienti.

Prezzi competitivi: confronta i prezzi dei fornitori con quelli degli altri fornitori per garantire che siano competitivi. Tuttavia, non scegliere un fornitore solo in base al prezzo più basso, poiché ci potrebbero essere altri fattori da considerare.

Tempo di consegna: è importante che i fornitori siano in grado di consegnare i prodotti entro il tempo specificato. Verifica le politiche di spedizione e di consegna dei fornitori e assicurati che possano soddisfare le tue esigenze di consegna.

Assistenza clienti: assicurati che i fornitori abbiano un servizio clienti efficace e disponibile per rispondere alle tue domande e risolvere i problemi che potresti incontrare durante il processo di fornitura.

Reputazione: verifica le recensioni dei clienti e le valutazioni dei fornitori online per avere un'idea della loro reputazione. Cerca fornitori con recensioni positive e una buona reputazione nel settore.

Stabilire una relazione di lavoro efficace

Una volta identificati i fornitori affidabili e di alta qualità, è importante stabilire una relazione di lavoro efficace con loro. Ecco alcuni consigli per creare una relazione di lavoro efficace con i tuoi fornitori:

Comunicazione: è importante comunicare regolarmente con i fornitori per mantenere una buona relazione di lavoro. Comunica le tue esigenze di fornitura e le scadenze di consegna in modo chiaro e preciso.

Contratti e accordi: assicurati di avere un contratto o un accordo scritto con i tuoi fornitori per stabilire i termini e le condizioni della vostra relazione di lavoro.

Pagamenti: paga i fornitori in modo tempestivo e secondo le condizioni concordate. Un buon rapporto di lavoro richiede anche un pagamento puntuale.

Feedback: fornisci feedback ai tuoi fornitori sulla qualità dei prodotti e sui tempi di consegna. Questo aiuta i fornitori a migliorare e a mantenere la loro reputazione.

In conclusione, trovare fornitori affidabili e produttori di alta qualità è un passo cruciale per il successo del tuo negozio di dropshipping. Ci sono diverse opzioni disponibili per trovare i migliori fornitori, ma è importante valutarli attentamente e stabilire una relazione di lavoro efficace per garantire che il tuo negozio online offra prodotti di alta qualità ai tuoi clienti.

CAPITOLO 5 - IMPORTARE PRODOTTI NEL TUO NEGOZIO SHOPIFY

Questo capitolo coprirà la procedura per importare i prodotti del tuo fornitore nel tuo negozio Shopify.

Importare prodotti nel tuo negozio Shopify può sembrare un processo complicato, ma seguendo alcuni passaggi semplici puoi farlo senza problemi. In questo capitolo, esploreremo la procedura per importare i prodotti del tuo fornitore nel tuo negozio Shopify.

Prima di iniziare, assicurati di avere accesso alle informazioni sulle opzioni di spedizione e sui prezzi all'ingrosso del tuo fornitore. Queste informazioni saranno utili per impostare il prezzo di vendita dei tuoi prodotti e per calcolare il costo della spedizione per i tuoi clienti.

Impostare il tuo account Shopify

Per iniziare ad importare i prodotti, è necessario impostare il tuo account Shopify. Dopo aver creato un account, accedi al tuo pannello di amministrazione e seleziona la sezione "Prodotti" dal menu laterale.

Importare i prodotti

Ci sono diversi modi per importare i prodotti nel tuo negozio Shopify. Uno dei modi più semplici è utilizzare un'app di importazione, come Oberlo o Dropified. Queste app consentono di importare i prodotti direttamente dal sito web del fornitore e di sincronizzarli con il tuo negozio Shopify.

Per utilizzare Oberlo, ad esempio, devi installare l'app nel tuo negozio Shopify e creare un account. Successivamente, seleziona la sezione "Importa prodotti" e inserisci il link del prodotto dal sito web del tuo fornitore. Puoi quindi personalizzare il prodotto aggiungendo la descrizione, le immagini e il prezzo di vendita.

In alternativa, puoi utilizzare un file CSV per importare i prodotti nel tuo negozio. Un file CSV è un documento che contiene le informazioni sui prodotti, come il nome, la descrizione, il prezzo e le immagini. Puoi creare il tuo file CSV utilizzando un programma di foglio di calcolo come Excel o Google Sheets.

Una volta creato il file CSV, accedi alla sezione "Prodotti" del tuo pannello di amministrazione Shopify e seleziona "Importa". Seleziona il file CSV che hai creato e assicurati che i campi siano correttamente mappati. Dopo aver confermato i dettagli dell'importazione, i prodotti saranno aggiunti al tuo negozio.

Personalizzare i prodotti

Dopo aver importato i prodotti nel tuo negozio Shopify, puoi personalizzarli per soddisfare le tue esigenze di marketing. Aggiungi una descrizione dettagliata del prodotto, immagini di alta qualità e specifiche sulle opzioni di spedizione e sui tempi di consegna.

Puoi anche personalizzare il prezzo di vendita dei prodotti per ottenere un profitto adeguato. Tieni presente che devi considerare i costi di acquisto del prodotto, i costi di spedizione e le commissioni di Shopify quando decidi il prezzo di vendita.

Gestire il tuo inventario

Una volta importati i prodotti nel tuo negozio Shopify, devi tenere traccia del tuo inventario. Utilizza la sezione "Prodotti" del tuo pannello di amministrazione per monitorare il numero di prodotti che hai in magazzino e per ricevere notifiche quando il livello di stock scende al di sotto di un determinato limite.

Inoltre, puoi utilizzare un'app di gestione dell'inventario, come Stock Sync o SKU Grid, per sincronizzare il tuo inventario con il tuo fornitore. Questo ti consente di avere sempre un'idea chiara del tuo stock disponibile e di evitare di vendere prodotti che non sono più disponibili.

Rivedere le impostazioni di spedizione e di pagamento

Infine, assicurati di rivedere le impostazioni di spedizione e di pagamento del tuo negozio Shopify. Verifica che le opzioni di spedizione e i costi siano corretti e aggiornati. Inoltre, seleziona un gateway di pagamento che funzioni per te e i tuoi clienti.

Conclusioni

Importare i prodotti nel tuo negozio Shopify può sembrare complicato, ma seguendo questi passaggi semplici puoi farlo senza problemi. Assicurati di avere accesso alle informazioni sulle opzioni di spedizione e sui prezzi all'ingrosso del tuo fornitore prima di iniziare, e utilizza un'app di importazione o un file CSV per importare i prodotti nel tuo negozio.

Personalizza i prodotti per soddisfare le tue esigenze di marketing e gestisci il tuo inventario utilizzando un'app di gestione dell'inventario. Infine, rivedi le impostazioni di spedizione e di pagamento del tuo negozio Shopify per garantire un'esperienza di acquisto fluida per i tuoi clienti.

CAPITOLO 6 - GESTIONE DEGLI ORDINI E DEI RESI

In questo capitolo si discuterà di come gestire gli ordini e i resi dei tuoi clienti e garantire un'esperienza d'acquisto positiva.

Gestione degli Ordini e dei Resi: Garantire un'esperienza d'acquisto positiva

La gestione degli ordini e dei resi è un aspetto cruciale del successo di un negozio online. I clienti si aspettano un'esperienza di acquisto fluida e senza problemi, dalla selezione dei prodotti alla spedizione e alla ricezione dell'ordine. In questo capitolo, esploreremo le best practice per gestire gli ordini e i resi dei tuoi clienti, garantendo un'esperienza d'acquisto positiva.

Gestione degli Ordini

La gestione degli ordini è una parte essenziale del tuo negozio Shopify. Per assicurarti di fornire un servizio impeccabile ai tuoi clienti, è importante seguire alcuni semplici passaggi per gestire gli ordini.

1. Configurazione degli avvisi di notifica

Uno dei primi passi da compiere è la configurazione degli avvisi di notifica per gli ordini. Assicurati che il tuo negozio sia configurato per inviare automaticamente un'email di conferma dell'ordine al cliente e una notifica al team di supporto.

2. Monitoraggio degli ordini

Monitorare gli ordini è un'altra parte importante della gestione degli ordini. Utilizza la sezione "Ordini" del tuo pannello di amministrazione Shopify per visualizzare e gestire gli ordini dei tuoi clienti. Tieni traccia degli ordini in sospeso, degli ordini completati e degli ordini in attesa di spedizione.

3. Informazioni di spedizione

Assicurati di fornire informazioni di spedizione accurate e tempestive ai tuoi clienti. Utilizza le app di monitoraggio della spedizione, come AfterShip o TrackingMore, per fornire ai tuoi clienti informazioni in tempo reale sulla posizione del loro ordine.

4. Servizio clienti

Il servizio clienti è un altro aspetto importante della gestione degli ordini. Assicurati di fornire ai tuoi clienti un servizio clienti di alta qualità, rispondendo prontamente alle loro domande e ai loro problemi. Utilizza gli strumenti di supporto come Zendesk o Freshdesk per organizzare il supporto al cliente.

Gestione dei Resi

La gestione dei resi è un'altra parte importante della gestione del tuo negozio Shopify. I resi sono inevitabili, ma ci sono alcune best practice che puoi seguire per gestirli in modo efficace.

5. Politica di restituzione

Prima di tutto, devi avere una politica di restituzione chiara e facile da capire. La tua politica di restituzione dovrebbe includere informazioni sulle tempistiche per restituire un prodotto, sulle spese di spedizione e sui rimborsi.

6. Canali di comunicazione

Assicurati di fornire ai tuoi clienti canali di comunicazione facili da usare per richiedere un reso o per chiedere informazioni sulla politica di restituzione. Utilizza la sezione "Resi" del tuo pannello di amministrazione Shopify per gestire le richieste di reso dei clienti.

7. Istruzioni di reso

Fornisci ai tuoi clienti istruzioni dettagliate su come effettuare un reso, comprese le informazioni sulle modalità di spedizione e sulle tempistiche per l'elaborazione del reso. Utilizza anche gli strumenti di supporto, come le FAQ o i video tutorial, per aiutare i tuoi clienti a comprendere il processo di reso.

8. Valutazione dei resi

Valuta i motivi dei resi dei tuoi clienti per capire se ci sono problemi con i prodotti o con il servizio offerto. Utilizza queste informazioni per apportare eventuali miglioramenti al tuo negozio e alla tua politica di restituzione.

9. Rimborsi

Infine, gestisci i rimborsi in modo rapido ed efficiente. Assicurati di avere un sistema automatizzato per l'elaborazione dei rimborsi e comunica tempestivamente ai tuoi clienti l'avvenuta elaborazione del rimborso.

Conclusioni

Gestire gli ordini e i resi dei tuoi clienti è un aspetto fondamentale del successo del tuo negozio online. Seguire le best practice per gestire gli ordini e i resi può aiutarti a garantire un'esperienza d'acquisto positiva ai tuoi clienti, aumentando la loro fidelizzazione e le possibilità di nuove vendite. Ricorda di monitorare costantemente gli ordini, fornire informazioni di spedizione tempestive, offrire un servizio clienti di alta qualità, avere una politica di restituzione chiara e gestire i resi in modo efficiente. Con questi passaggi, sarai sulla strada giusta per avere un negozio di successo.

CAPITOLO 7 - OTTIMIZZAZIONE DEL TUO NEGOZIO PER LA SEO

Questo capitolo tratterà dell'ottimizzazione del tuo negozio per i motori di ricerca, inclusa la scrittura di descrizioni dei prodotti, l'uso di parole chiave e l'ottimizzazione delle immagini.

Ottimizzazione del Tuo Negozio per la SEO: Scrivere descrizioni dei prodotti, utilizzare parole chiave e ottimizzare le immagini

L'ottimizzazione per i motori di ricerca (SEO) è un aspetto fondamentale del successo del tuo negozio online. Essere in grado di posizionarsi nelle prime pagine dei risultati dei motori di ricerca può portare a un aumento del traffico e delle vendite. In questo capitolo, esploreremo le best practice per ottimizzare il tuo negozio Shopify per i motori di ricerca.

10. Scrivi descrizioni dei prodotti dettagliate e coinvolgenti

Le descrizioni dei prodotti sono essenziali per vendere i tuoi prodotti online. Una buona descrizione deve essere dettagliata, coinvolgente e persuasiva, ma anche ottimizzata per i motori di ricerca.

Inizia con il titolo del prodotto, che dovrebbe essere breve, chiaro e includere le parole chiave principali. Successivamente, scrivi una descrizione dettagliata che includa informazioni sulla taglia, il materiale, le caratteristiche del prodotto e le istruzioni per l'utilizzo.

Incorpora le parole chiave nella descrizione del prodotto in modo naturale, senza esagerare. Assicurati di includere parole chiave rilevanti per il tuo prodotto, come il nome del prodotto stesso, il marchio, la categoria di prodotto e altre parole che i tuoi clienti potrebbero cercare.

11. Utilizza le parole chiave in modo strategico

L'utilizzo strategico delle parole chiave è fondamentale per il successo della SEO. Includere le parole chiave principali nella descrizione del prodotto è solo il primo passo.

Assicurati di utilizzare le parole chiave nei meta tag del tuo sito, come il titolo della pagina, la descrizione della pagina e i tag di intestazione. Utilizza anche le parole chiave nei nomi dei file delle immagini e nelle URL delle pagine del tuo sito.

Evita di riempire il tuo sito di parole chiave in modo innaturale. Questa pratica, conosciuta come "keyword stuffing", può danneggiare il tuo posizionamento nei motori di ricerca.

12. Ottimizza le immagini

Le immagini dei prodotti sono essenziali per vendere online, ma possono anche influire sul posizionamento nei motori di ricerca. Ecco alcuni consigli per ottimizzare le immagini del tuo sito:

- Utilizza nomi di file descrittivi per le immagini, invece di nomi generici come "immagine1.jpg".
- Utilizza un testo alternativo (alt text) descrittivo per le immagini. Questo aiuta i motori di ricerca a capire di cosa si tratta l'immagine.
- Riduci le dimensioni delle immagini per velocizzare il caricamento del sito. Un sito lento può danneggiare il tuo posizionamento nei motori di ricerca.

13. Crea contenuti di qualità

La creazione di contenuti di alta qualità è fondamentale per il successo della SEO. Crea contenuti unici, interessanti e utili per i tuoi clienti. Includi le parole chiave principali nei tuoi contenuti in modo naturale, senza forzare.

Crea una sezione blog sul tuo sito per condividere articoli di qualità su argomenti pertinenti al tuo settore. I contenuti del blog possono aiutarti a posizionarti nei motori di ricerca e a creare un'immagine di autorità nel tuo settore.

Ottimizza anche i tuoi contenuti per le parole chiave. Utilizza le parole chiave nei titoli degli articoli, nei sottotitoli e nel testo del corpo dell'articolo. Includi anche link interni tra i contenuti del tuo sito per migliorare la navigazione e la visibilità dei tuoi contenuti.

Utilizza anche le meta descrizioni in modo strategico. La meta descrizione è la breve descrizione che appare sotto il titolo della pagina nei risultati dei motori di ricerca. Utilizza le parole chiave nella meta descrizione per rendere chiaro ai motori di ricerca e ai tuoi potenziali clienti il contenuto della tua pagina.

Sii coerente nella struttura del tuo sito.

La struttura del tuo sito è importante per la SEO. Assicurati di utilizzare un design pulito e una struttura di navigazione intuitiva. Utilizza una struttura a gerarchia per le pagine del tuo sito, in modo che le pagine importanti siano collegate alle pagine di livello superiore.

Inoltre, utilizza URL descrittivi e facili da leggere. Utilizza le parole chiave nella struttura dell'URL per indicare ai motori di ricerca il contenuto della tua pagina.

Infine, assicurati che il tuo sito sia mobile-friendly. Un sito che non funziona bene sui dispositivi mobili può danneggiare il tuo posizionamento nei motori di ricerca.

Conclusione L'ottimizzazione per i motori di ricerca può sembrare un compito impegnativo, ma è fondamentale per il successo del tuo negozio online. Utilizzando descrizioni dettagliate dei prodotti, parole chiave strategiche, immagini ottimizzate, contenuti di qualità e una struttura di sito coerente, puoi migliorare il tuo posizionamento nei motori di ricerca e aumentare il traffico e le vendite del tuo negozio Shopify.

CAPITOLO 8 - CREAZIONE DI CAMPAGNE DI MARKETING EFFICACI

In questo capitolo si parlerà di come creare campagne di marketing efficaci per il tuo negozio, inclusi la pubblicità su Facebook, Google Ads e altre piattaforme di marketing online.

La creazione di campagne di marketing efficaci è essenziale per promuovere il tuo negozio online e raggiungere un pubblico più ampio. Ci sono molte piattaforme di marketing online tra cui scegliere, ma le più popolari sono Facebook Ads e Google Ads. In questo capitolo, esploreremo come creare campagne di marketing efficaci per il tuo negozio.

14. Pubblicità su Facebook Facebook Ads è uno dei modi più efficaci per promuovere il tuo negozio online. Con oltre 2,8 miliardi di utenti attivi al mese, Facebook ti consente di raggiungere un pubblico ampio e diversificato. Ecco alcuni consigli per creare campagne di Facebook Ads efficaci:

- Identifica il tuo pubblico: prima di creare una

campagna di Facebook Ads, identifica il tuo pubblico target. Puoi farlo utilizzando strumenti di segmentazione demografica, come l'età, il sesso, la posizione geografica e gli interessi.

- Crea annunci coinvolgenti: assicurati che il tuo annuncio sia coinvolgente e persuasivo. Utilizza immagini di alta qualità e testo accattivante per catturare l'attenzione dei tuoi potenziali clienti.

- Utilizza il remarketing: il remarketing è un modo efficace per raggiungere persone che hanno già visitato il tuo sito. Puoi utilizzare annunci di remarketing per ricordare ai tuoi visitatori del sito di tornare e completare un acquisto.

- Utilizza gli obiettivi pubblicitari di Facebook: Facebook offre una vasta gamma di obiettivi pubblicitari, come l'aumento del traffico al sito web, la generazione di lead e la vendita di prodotti. Scegli l'obiettivo pubblicitario giusto in base alle tue esigenze di marketing.

15. Pubblicità su Google Ads Google Ads ti consente di promuovere il tuo negozio online sui risultati di ricerca di Google. Utilizzando Google Ads, puoi raggiungere un pubblico interessato ai tuoi prodotti in base alle parole chiave di ricerca che usano. Ecco alcuni consigli per creare campagne di Google Ads efficaci:

    - Identifica le parole chiave giuste: l'identificazione delle parole chiave giuste è fondamentale per il successo di una campagna di Google Ads. Utilizza strumenti di ricerca delle parole chiave per identificare le parole chiave rilevanti per il tuo negozio.

    - Utilizza le corrispondenze delle parole chiave: Google Ads offre diverse opzioni di corrispondenza delle parole chiave, come la corrispondenza esatta, la corrispondenza a frase e la corrispondenza ampia. Utilizza la corrispondenza giusta in base alle tue esigenze di marketing.

- Crea annunci coinvolgenti: assicurati che il tuo annuncio sia coinvolgente e persuasivo. Utilizza testo accattivante e un CTA chiaro per incoraggiare i potenziali clienti a cliccare sul tuo annuncio.
- Utilizza l'estensione di località: se hai un negozio fisico, utilizza l'estensione di località per mostrare la posizione del tuo negozio su Google Maps.

16. Altre piattaforme di marketing online Oltre a Facebook Ads e Google Ads, ci sono molte altre piattaforme di marketing online che puoi utilizzare per promuovere il tuo negozio. Ecco alcune di esse:

17. Instagram Ads: Instagram è una delle piattaforme di social media più popolari al mondo, con oltre 1 miliardo di utenti attivi al mese. Utilizzando Instagram Ads, puoi creare annunci pubblicitari coinvolgenti e visivamente accattivanti per raggiungere un pubblico interessato ai tuoi prodotti.

18. Pinterest Ads: Pinterest è una piattaforma di social media visiva, utilizzata principalmente per la scoperta e l'organizzazione di idee. Utilizzando Pinterest Ads, puoi raggiungere un pubblico interessato ai tuoi prodotti e promuoverli attraverso immagini e video.

19. LinkedIn Ads: LinkedIn è una piattaforma di social media professionale, utilizzata principalmente per la connessione tra professionisti e la ricerca di lavoro. Utilizzando LinkedIn Ads, puoi raggiungere un pubblico di professionisti interessati ai tuoi prodotti o servizi.

20. Twitter Ads: Twitter è una piattaforma di social media basata sulle brevi frasi, utilizzata principalmente per le notizie e le tendenze. Utilizzando Twitter Ads, puoi raggiungere un pubblico interessato ai tuoi prodotti o servizi e promuoverli attraverso tweet sponsorizzati.

21. Amazon Advertising: se vendi prodotti su Amazon, puoi utilizzare Amazon Advertising per promuovere i tuoi prodotti e raggiungere un pubblico di acquirenti interessati. Puoi utilizzare Amazon Advertising per

promuovere i tuoi prodotti su Amazon, ma anche su altri siti web affiliati.

In generale, quando si creano campagne di marketing online, è importante identificare il pubblico target, utilizzare annunci coinvolgenti e scegliere le piattaforme di marketing giuste per le tue esigenze. Inoltre, è fondamentale monitorare le tue campagne e analizzare i risultati per apportare eventuali modifiche e migliorare la tua strategia di marketing.

CAPITOLO 9
- UTILIZZO DI
STRUMENTI DI ANALISI

Questo capitolo coprirà l'utilizzo di strumenti di analisi per monitorare il traffico del tuo sito web e il comportamento dei clienti.

L'utilizzo di strumenti di analisi è essenziale per monitorare il traffico del tuo sito web e il comportamento dei clienti. Ciò ti aiuterà a comprendere meglio il tuo pubblico, a identificare aree di miglioramento del tuo sito web e a prendere decisioni informate sulle tue strategie di marketing. In questo capitolo, esploreremo alcuni dei migliori strumenti di analisi disponibili e come utilizzarli per ottenere informazioni utili.

Google Analytics Google Analytics è uno dei migliori strumenti di analisi gratuiti disponibili. Questo strumento ti consente di monitorare il traffico del tuo sito web, il comportamento dei visitatori e le conversioni. Ecco alcune delle metriche più importanti che puoi monitorare utilizzando Google Analytics:

- Numero di visite: questa metrica ti consente di monitorare il numero totale di visite al tuo sito web.
- Tasso di rimbalzo: il tasso di rimbalzo misura la percentuale di visitatori che lasciano il tuo sito web

dopo aver visualizzato una sola pagina.

- Durata media della sessione: questa metrica ti consente di monitorare la durata media delle visite al tuo sito web.
- Pagina più visitata: questa metrica ti consente di identificare le pagine del tuo sito web che ricevono il maggior numero di visite.
- Fonte di traffico: questa metrica ti consente di identificare le fonti di traffico del tuo sito web, come la ricerca organica, i social media e le campagne di marketing.

Per utilizzare Google Analytics, devi prima creare un account e aggiungere il codice di tracciamento del sito web al tuo sito. Una volta fatto ciò, puoi accedere a Google Analytics per visualizzare le metriche sopra menzionate e molte altre ancora. Puoi anche creare report personalizzati per monitorare le metriche che sono più importanti per il tuo sito web.

Hotjar Hotjar è uno strumento di analisi che ti consente di monitorare il comportamento dei visitatori del tuo sito web utilizzando mappe di calore, registrazioni delle sessioni e sondaggi. Questo strumento ti consente di ottenere informazioni dettagliate sul comportamento dei visitatori, come le pagine che visitano, la posizione del mouse e le azioni che eseguono. Ecco alcune delle funzionalità più utili di Hotjar:

- Mappe di calore: le mappe di calore ti consentono di vedere esattamente dove i visitatori del tuo sito web cliccano e scorrono sulle tue pagine.
- Registrazioni delle sessioni: le registrazioni delle sessioni ti consentono di riprodurre le sessioni dei visitatori del tuo sito web per comprendere meglio il loro comportamento.

- Sondaggi: i sondaggi ti consentono di raccogliere feedback direttamente dai visitatori del tuo sito web.

Per utilizzare Hotjar, devi prima creare un account e aggiungere il codice di tracciamento al tuo sito web. Una volta fatto ciò, puoi accedere a Hotjar per visualizzare le mappe di calore, le registrazioni delle sessioni e i sondaggi.

Ahrefs Ahrefs è uno strumento di analisi del SEO che ti consente di monitorare le parole chiave, i backlink e le classifiche dei tuoi concorrenti. Questo strumento è particolarmente utile per il monitoraggio della tua posizione sui motori di ricerca e per l'identificazione di opportunità di link building. Ecco alcune delle funzionalità più utili di Ahrefs:

Monitoraggio delle parole chiave: questo strumento ti consente di monitorare le parole chiave per cui il tuo sito web si posiziona sui motori di ricerca e per cui i tuoi concorrenti si posizionano. Analisi dei backlink: questo strumento ti consente di monitorare i backlink del tuo sito web e dei tuoi concorrenti, nonché di identificare opportunità di link building.

Analisi dei concorrenti: questo strumento ti consente di monitorare le classifiche dei tuoi concorrenti sui motori di ricerca e di identificare le strategie di marketing che utilizzano. Per utilizzare Ahrefs, devi prima creare un account e aggiungere il tuo sito web. Una volta fatto ciò, puoi utilizzare le diverse funzionalità di Ahrefs per monitorare le parole chiave, i backlink e le classifiche dei tuoi concorrenti.

SEMrush SEMrush è un altro strumento di analisi del SEO che ti consente di monitorare le parole chiave, le classifiche dei tuoi concorrenti e le opportunità di link building. Questo strumento è particolarmente utile per la ricerca di parole chiave, l'analisi della concorrenza e l'identificazione di opportunità di link building. Ecco alcune delle funzionalità più utili di SEMrush:

Ricerca di parole chiave: questo strumento ti consente di trovare parole chiave rilevanti per il tuo sito web e di valutare il loro potenziale di traffico. Analisi dei concorrenti: questo strumento ti consente di monitorare le classifiche dei tuoi concorrenti sui motori di ricerca e di identificare le strategie di marketing che utilizzano. Analisi dei backlink: questo strumento ti consente di monitorare i backlink del tuo sito web e dei tuoi concorrenti, nonché di identificare opportunità di link building. Per utilizzare SEMrush, devi prima creare un account e aggiungere il tuo sito web. Una volta fatto ciò, puoi utilizzare le diverse funzionalità di SEMrush per monitorare le parole chiave, le classifiche dei tuoi concorrenti e le opportunità di link building.

Conclusioni L'utilizzo di strumenti di analisi è essenziale per monitorare il traffico del tuo sito web e il comportamento dei clienti. Google Analytics, Hotjar, Ahrefs e SEMrush sono alcuni dei migliori strumenti di analisi disponibili, ma ci sono molte altre opzioni disponibili.

Utilizzando questi strumenti, puoi ottenere informazioni utili sulle prestazioni del tuo sito web, identificare le aree di miglioramento e prendere decisioni informate sulle tue strategie di marketing.

CAPITOLO 10 - COSTRUIRE UNA COMUNITÀ DI CLIENTI FEDELI

In questo capitolo si discuterà di come creare una comunità di clienti fedeli e aumentare la fedeltà dei clienti.

La costruzione di una comunità di clienti fedeli è un obiettivo importante per qualsiasi attività. Una comunità di clienti fedeli non solo ti aiuterà a mantenere le tue vendite costanti, ma ti aiuterà anche a generare nuovi clienti attraverso il passaparola. In questo capitolo, esploreremo alcuni dei modi migliori per creare una comunità di clienti fedeli e aumentare la fedeltà dei clienti.

22. Offri un'esperienza cliente eccezionale Offrire un'esperienza cliente eccezionale è il primo passo per costruire una comunità di clienti fedeli. I clienti fedeli sono spesso disposti a pagare di più per un prodotto o servizio se sanno di ricevere un'esperienza cliente eccezionale. Ecco alcuni modi per offrire un'esperienza cliente eccezionale:

Assistenza clienti: assicurati di offrire assistenza clienti pronta e cordiale attraverso i canali appropriati, come telefono, email o chat online. Resi e sostituzioni: offre una politica di resi e sostituzioni chiara e facile da comprendere per i tuoi clienti. In questo modo, i clienti si sentiranno più a proprio agio nell'acquistare da te sapendo che hanno la possibilità di restituire o sostituire un prodotto se necessario. Personalizzazione: cerca di personalizzare l'esperienza del cliente offrendo prodotti o servizi su misura in base alle loro esigenze. Ciò ti aiuterà a differenziarti dai tuoi concorrenti e a creare un rapporto più forte con i tuoi clienti.

23. Crea un programma di fedeltà

Un programma di fedeltà può essere un'ottima strategia per creare una comunità di clienti fedeli. Questo tipo di programma offre incentivi ai clienti per continuare ad acquistare dal tuo negozio, come punti che possono essere utilizzati per ottenere sconti o prodotti gratuiti. Ecco alcuni consigli per creare un programma di fedeltà efficace:

Offerte esclusive

Offri offerte esclusive ai membri del programma di fedeltà per rendere il programma ancora più attraente. Promozione: promuovi il programma di fedeltà attraverso i tuoi canali di marketing, come social media, newsletter o annunci pubblicitari. Semplicità: assicurati che il programma di fedeltà sia facile da comprendere e utilizzare per i tuoi clienti.

24. Coinvolgi i tuoi clienti sui social media I social media possono essere un ottimo strumento per coinvolgere i tuoi clienti e costruire una comunità di clienti fedeli. Ecco alcuni modi per coinvolgere i tuoi clienti sui social media:

Contenuti coinvolgenti: crea contenuti coinvolgenti sui social media che incoraggiano i tuoi clienti a partecipare alla conversazione. Concorsi: organizza concorsi sui social media che premiano i tuoi clienti fedeli. Hashtag: utilizza hashtag per rendere più facile per i tuoi clienti seguire le conversazioni sui social media. Interazione: interagisci con i tuoi clienti sui social media rispondendo ai loro commenti e domande.

25. Offri eventi per i tuoi clienti

Organizzare eventi per i tuoi clienti può essere un'ottima strategia per creare una comunità di clienti fedeli. Gli eventi possono essere di diversi tipi, come cene, feste di compleanno, workshop o persino viaggi. Ecco alcuni modi per organizzare eventi efficaci per i tuoi clienti: Inviti personalizzati: invia inviti personalizzati ai tuoi clienti fedeli per farli sentire speciali e mostrare loro la tua gratitudine per il loro supporto. Esperienze uniche: crea esperienze uniche che i tuoi clienti non troveranno altrove. Ad esempio, se vendi prodotti alimentari, organizza una cena gourmet con i prodotti che offri. Networking: offri opportunità di networking ai tuoi clienti durante gli eventi per creare relazioni tra loro e con il tuo marchio.

26. Chiedi e ascolta il feedback dei tuoi clienti

Chiedere e ascoltare il feedback dei tuoi clienti è fondamentale per creare una comunità di clienti fedeli. Ciò ti aiuterà a capire le esigenze dei tuoi clienti e a migliorare continuamente i tuoi prodotti e servizi. Ecco alcuni modi per chiedere e ascoltare il feedback dei tuoi clienti: Sondaggi: invia sondaggi ai tuoi clienti per chiedere il loro feedback sui tuoi prodotti, servizi e esperienza cliente. Recensioni: chiedi ai tuoi clienti di scrivere recensioni sui tuoi prodotti o servizi su siti come Yelp o Google. Canali di comunicazione aperti: assicurati che i tuoi clienti abbiano canali di comunicazione aperti, come chat online o email, per contattarti e fornirti il loro feedback.

In sintesi, la costruzione di una comunità di clienti fedeli richiede tempo e impegno, ma può generare enormi vantaggi per il tuo business. Offrire un'esperienza cliente eccezionale, creare un programma di fedeltà, coinvolgere i tuoi clienti sui social media, organizzare eventi per i tuoi clienti e chiedere e ascoltare il loro feedback sono tutti modi efficaci per creare una comunità di clienti fedeli e aumentare la fedeltà dei clienti.

CAPITOLO 11 - ESPANDERE LA TUA ATTIVITÀ DI DROPSHIPPING

Questo capitolo tratterà delle diverse strategie per espandere la tua attività di dropshipping, inclusi l'aggiunta di nuovi prodotti e l'espansione in nuovi mercati.

Il dropshipping è un modello di business in cui il venditore non tiene fisicamente il prodotto, ma lo ordina da un fornitore che si occupa della spedizione diretta al cliente finale. Questo modello è diventato sempre più popolare negli ultimi anni, grazie alla sua convenienza e alla possibilità di iniziare un'attività senza dover investire grandi quantità di denaro in magazzino e inventario. Tuttavia, una volta che hai avviato la tua attività di dropshipping, devi trovare modi per espanderti e crescere. In questo capitolo, esploreremo alcune strategie per espandere la tua attività di dropshipping.

Aggiungi nuovi prodotti

Una delle strategie più semplici per espandere la tua attività di dropshipping è aggiungere nuovi prodotti al tuo negozio online.

Questo ti darà la possibilità di raggiungere nuovi clienti e aumentare le vendite. Prima di aggiungere nuovi prodotti, però, assicurati di fare la dovuta ricerca di mercato per assicurarti che ci sia una domanda sufficiente per il prodotto che intendi aggiungere. Puoi utilizzare strumenti di ricerca di parole chiave come Google Keyword Planner o strumenti di analisi del mercato come Jungle Scout per trovare i prodotti più popolari.

Espandi in nuovi mercati

Un'altra strategia per espandere la tua attività di dropshipping è espandere in nuovi mercati. Ciò può significare espandere in nuovi paesi o in nuove nicchie di mercato. Prima di espanderti in un nuovo mercato, assicurati di fare la dovuta ricerca di mercato per comprendere la cultura e le abitudini di acquisto dei tuoi nuovi clienti potenziali. Puoi utilizzare strumenti come Google Trends per capire quali prodotti sono popolari in un determinato paese o nicchia di mercato.

Utilizza una piattaforma di vendita multicanale

Un'altra strategia per espandere la tua attività di dropshipping è utilizzare una piattaforma di vendita multicanale. Ciò significa vendere i tuoi prodotti su più piattaforme di vendita, come Amazon, eBay, Etsy e altri. Utilizzando una piattaforma di vendita multicanale, puoi raggiungere nuovi clienti che altrimenti non avresti avuto modo di raggiungere attraverso il tuo negozio online. Inoltre, molte piattaforme di vendita multicanale offrono anche strumenti di marketing integrati che ti aiuteranno a promuovere i tuoi prodotti.

Crea una tua marca

Un'altra strategia per espandere la tua attività di dropshipping è creare una tua marca. Ciò significa creare una propria identità di marca e utilizzarla per distinguerti dalla concorrenza. Puoi utilizzare una serie di tattiche di marketing per creare la tua marca, come la creazione di un logo accattivante, l'utilizzo di un design coerente per il tuo sito web e i tuoi prodotti, e la promozione dei valori della tua azienda.

Collabora con influencer

Un'altra strategia per espandere la tua attività di dropshipping è collaborare con influencer. Ciò significa trovare influencer che hanno un pubblico di follower affini alla tua nicchia di mercato e chiedere loro di promuovere i tuoi prodotti ai loro follower. Gli influencer possono aiutarti a raggiungere un pubblico nuovo e più ampio, migliorare la tua visibilità e accrescere la tua autorità nel tuo settore di riferimento. Puoi trovare influencer utilizzando piattaforme di social media come Instagram, TikTok e YouTube, oppure attraverso agenzie specializzate in influencer marketing.

Offri un servizio clienti di qualità

Un'altra strategia per espandere la tua attività di dropshipping è offrire un servizio clienti di qualità. I clienti sono la base della tua attività e un servizio clienti di qualità può aiutarti a fidelizzare i tuoi clienti esistenti e attirare nuovi clienti. Offri risposte rapide alle loro domande, cerca di risolvere i loro problemi nel minor tempo possibile e assicurati che i tuoi clienti si sentano apprezzati e supportati. Inoltre, puoi raccogliere i feedback dei tuoi clienti per migliorare continuamente la tua attività e soddisfare le loro esigenze.

Investi in pubblicità

Infine, un'altra strategia per espandere la tua attività di dropshipping è investire in pubblicità. Ciò significa utilizzare strumenti di pubblicità online come Google Ads, Facebook Ads e Instagram Ads per promuovere i tuoi prodotti e raggiungere un pubblico nuovo e più ampio. La pubblicità online ti consente di raggiungere il tuo pubblico ideale e di promuovere i tuoi prodotti in modo efficace, utilizzando strategie di targeting mirate e annunci accattivanti.

In sintesi, ci sono molte strategie per espandere la tua attività di dropshipping, come l'aggiunta di nuovi prodotti, l'espansione in nuovi mercati, l'utilizzo di una piattaforma di vendita multicanale, la creazione di una tua marca, la collaborazione con influencer, l'offerta di un servizio clienti di qualità e l'investimento in pubblicità. Scegli le strategie più adatte alla tua attività e inizia a implementarle per raggiungere nuovi clienti e aumentare le tue vendite.

CAPITOLO 12 - RISOLUZIONE DEI PROBLEMI COMUNI DEL DROPSHIPPING

In questo capitolo si discuterà di come risolvere i problemi comuni del dropshipping, come la perdita di pacchi e i problemi con i fornitori.

Il dropshipping è un modello di business conveniente e popolare che ha permesso a molte persone di avviare un'attività senza dover investire grandi somme di denaro in magazzino e inventario. Tuttavia, come ogni attività, il dropshipping può avere dei problemi. In questo capitolo, esploreremo i problemi comuni del dropshipping e come risolverli.

Perdita di pacchi

Uno dei problemi più comuni del dropshipping è la perdita di pacchi. Quando ordini un prodotto dal tuo fornitore, devi fare affidamento sulla sua capacità di spedire il prodotto al tuo cliente. Tuttavia, a volte i pacchi possono andare persi durante la spedizione, il che può causare frustrazione per te e il tuo cliente. Per evitare la perdita di pacchi, ci sono alcune cose che puoi fare.

In primo luogo, assicurati di utilizzare un fornitore affidabile.

Fai la dovuta ricerca sui fornitori prima di iniziare a lavorare con loro e controlla le recensioni degli utenti per assicurarti che abbiano una buona reputazione. In secondo luogo, usa un servizio di spedizione affidabile e tracciabile. Assicurati di fornire al tuo cliente il numero di tracking in modo che possano tenere traccia del loro pacchetto.

In caso di perdita del pacco, la prima cosa da fare è contattare il fornitore per chiedere un rimborso o una nuova spedizione del prodotto. Se il fornitore non rispondesse o non fosse disponibile, potresti dover contattare il servizio di spedizione per cercare di risolvere il problema.

Problemi con i fornitori

Un altro problema comune del dropshipping sono i problemi con i fornitori. Ci possono essere diverse problematiche che possono insorgere quando si lavora con i fornitori, come prodotti difettosi o ritardi nella spedizione. Per risolvere questi problemi, ci sono alcune cose che puoi fare.

In primo luogo, cerca di risolvere il problema con il fornitore. Contattali e spiega il problema in modo chiaro e conciso. Chiedi loro di risolvere il problema e di fornirti una soluzione. Se il fornitore non rispondesse o non fosse in grado di risolvere il problema, potresti dover considerare di trovare un nuovo fornitore.

In secondo luogo, assicurati di avere un contratto chiaro e completo con il tuo fornitore. Il contratto dovrebbe definire le condizioni di pagamento, le condizioni di spedizione, i termini di garanzia e le procedure di reso. In questo modo, avrai una maggiore sicurezza e protezione in caso di problemi con il fornitore.

Problemi con i resi

Un altro problema comune del dropshipping sono i resi. Quando il tuo cliente decide di restituire un prodotto, può essere difficile gestire il processo di reso, soprattutto se non hai il prodotto fisicamente in magazzino. Per gestire i resi in modo efficace, ci sono alcune cose che puoi fare.

In primo luogo, assicurati di avere una politica di reso chiara e facile da seguire sul tuo sito web. La politica di reso dovrebbe definire i termini e le condizioni per la restituzione dei prodotti, inclusi i tempi, le condizioni di reso e le spese di spedizione. In questo modo, i tuoi clienti saranno a conoscenza delle regole e dei costi relativi al reso dei prodotti.

In secondo luogo, controlla attentamente i prodotti che ricevi dal tuo fornitore prima di spedirli al cliente. Assicurati che i prodotti siano di buona qualità e che non abbiano difetti. In questo modo, sarai in grado di ridurre il numero di resi a causa di prodotti difettosi.

Infine, cerca di facilitare il processo di reso per il tuo cliente. Fornisci loro un'etichetta di reso prepagata e istruzioni dettagliate su come restituire il prodotto. In questo modo, il cliente avrà meno difficoltà nel restituire il prodotto e sarà più propenso a ordinare di nuovo da te in futuro.

Problemi con la concorrenza

Un altro problema comune del dropshipping è la concorrenza. Con un numero sempre crescente di persone che si avvicinano al mondo del dropshipping, può essere difficile distinguersi dalla folla. Per distinguerti dalla concorrenza, ci sono alcune cose che puoi fare.

In primo luogo, cerca di trovare un'area di nicchia o di prodotto specifica su cui concentrarti. In questo modo, sarai in grado di offrire prodotti unici e interessanti che potrebbero non essere disponibili altrove. Cerca di differenziarti dalla concorrenza offrendo prodotti di alta qualità, prezzi competitivi e un servizio clienti impeccabile.

In secondo luogo, cerca di aumentare la visibilità del tuo sito web e dei tuoi prodotti. Utilizza le strategie di marketing digitale, come l'ottimizzazione dei motori di ricerca (SEO), la pubblicità a pagamento (PPC) e i social media, per attirare l'attenzione dei clienti. In questo modo, sarai in grado di raggiungere un pubblico più ampio e di far conoscere i tuoi prodotti.

Infine, cerca di costruire una relazione con i tuoi clienti. Fornisci loro un servizio clienti eccellente, rispondi alle loro domande e risolvi i loro problemi in modo rapido ed efficace. In questo modo, saranno più propensi a tornare da te per acquistare altri prodotti in futuro e a raccomandare la tua attività ad altri.

In conclusione, il dropshipping può essere un'attività redditizia e conveniente, ma può anche avere alcuni problemi comuni. La perdita di pacchi, i problemi con i fornitori, i resi e la concorrenza possono rappresentare dei problemi. Tuttavia, con un po' di pianificazione e attenzione ai dettagli, è possibile superare questi problemi e avere successo nel dropshipping.

CAPITOLO 13 - GESTIONE DELLE FINANZE DEL TUO NEGOZIO

Questo capitolo coprirà la gestione delle finanze del tuo negozio, inclusa la fatturazione e la contabilità.

La gestione delle finanze è un aspetto fondamentale per qualsiasi attività, inclusi i negozi online che utilizzano il dropshipping come modello di business. La corretta gestione delle finanze può fare la differenza tra il successo e il fallimento del tuo negozio. In questo capitolo, esploreremo la gestione delle finanze del tuo negozio, inclusa la fatturazione e la contabilità.

Fatturazione

La fatturazione è un'attività essenziale per ogni negozio online. È importante emettere fatture corrette e tempestive per evitare problemi con il fisco e per tenere traccia delle entrate del tuo negozio. Ci sono diverse cose che devi tenere in considerazione per una corretta fatturazione.

In primo luogo, assicurati di avere tutti i dati necessari del tuo cliente. Questi includono il nome completo, l'indirizzo e-mail e l'indirizzo di spedizione. Inoltre, devi essere in grado di specificare l'importo esatto della fattura e la descrizione dei prodotti acquistati.

In secondo luogo, assicurati di avere un software di fatturazione affidabile. Esistono diverse opzioni sul mercato, tra cui software online o applicazioni desktop. Scegli quello che meglio si adatta alle tue esigenze e che ti permetta di generare fatture facilmente e in modo veloce.

Infine, tieni traccia di tutte le tue fatture e delle entrate del tuo negozio. Mantieni una traccia delle fatture emesse e delle fatture pagate per assicurarti che il tuo bilancio sia sempre aggiornato.

Contabilità

La contabilità è un altro aspetto importante della gestione delle finanze del tuo negozio. Una corretta contabilità ti permette di monitorare le entrate e le uscite del tuo negozio e di prevedere le tue spese future. Ecco alcune cose da tenere in considerazione per una corretta contabilità.

In primo luogo, tieni traccia di tutte le tue spese e delle tue entrate. Ciò include tutte le fatture emesse e ricevute, i pagamenti effettuati e le entrate del tuo negozio. Puoi utilizzare un software di contabilità per semplificare questo processo.

In secondo luogo, assicurati di tenere traccia di tutte le tue spese, inclusi i costi di spedizione, le commissioni del fornitore e le spese di marketing. In questo modo, sarai in grado di calcolare il costo totale del tuo prodotto e il tuo margine di profitto.

In terzo luogo, monitora le tue spese per evitare di spendere troppo. Cerca di mantenere i tuoi costi bassi, ma assicurati di non compromettere la qualità del tuo prodotto o il servizio che offri ai tuoi clienti.

Infine, cerca di prevedere le tue spese future e di pianificare di conseguenza. Ciò include la pianificazione dei costi per la pubblicità, le commissioni dei fornitori e le spese di sviluppo del tuo sito web.

Pagamenti e transazioni

La gestione dei pagamenti e delle transazioni è un altro aspetto importante della gestione delle finanze del tuo negozio. È importante avere un sistema di pagamento affidabile e sicuro per i tuoi clienti e per te stesso. Ecco alcune cose da tenere in considerazione per una corretta gestione dei pagamenti e delle transazioni.

In primo luogo, scegli un sistema di pagamento affidabile e sicuro. Ci sono diverse opzioni sul mercato, tra cui PayPal, Stripe e Square. Scegli quello che meglio si adatta alle tue esigenze e che offre la massima sicurezza per i tuoi clienti.

In secondo luogo, assicurati di offrire diverse opzioni di pagamento ai tuoi clienti. Ciò include carte di credito, PayPal e bonifici bancari. In questo modo, i tuoi clienti potranno scegliere il metodo di pagamento che preferiscono.

In terzo luogo, monitora le transazioni effettuate e assicurati che siano tutte corrette. Ciò include la verifica delle transazioni e la loro conciliazione con le fatture emesse.

Infine, gestisci i resi e i rimborsi in modo efficace. Offri ai tuoi clienti un processo semplice e rapido per i resi e i rimborsi e assicurati di gestirli in modo professionale.

Conclusioni In questo capitolo abbiamo esplorato la gestione delle finanze del tuo negozio, inclusa la fatturazione, la contabilità e la gestione dei pagamenti e delle transazioni. La corretta gestione delle finanze è essenziale per il successo del tuo negozio e richiede una costante attenzione e cura. Assicurati di tenere traccia di tutte le tue entrate e uscite e di pianificare le tue spese in modo efficace per massimizzare il tuo margine di profitto.

CAPITOLO 14 - CREAZIONE DI UN'IMMAGINE DI MARCA PER IL TUO NEGOZIO

In questo capitolo si parlerà di come creare un'immagine di marca per il tuo negozio, inclusa la scelta di un logo e la definizione della tua missione e dei tuoi valori.

La creazione di un'immagine di marca forte è un aspetto cruciale per qualsiasi attività, compreso un negozio online che utilizza il dropshipping come modello di business. Una forte immagine di marca ti aiuta a differenziarti dalla concorrenza, a creare una connessione emotiva con i tuoi clienti e a costruire una base di fedeli clienti.

In questo capitolo, esploreremo i passaggi fondamentali per creare un'immagine di marca per il tuo negozio, che include la scelta di un logo e la definizione della tua missione e dei tuoi valori.

Definizione della tua missione e dei tuoi valori

Il primo passo nella creazione di un'immagine di marca forte è la definizione della tua missione e dei tuoi valori. La tua missione dovrebbe essere una dichiarazione concisa che descrive lo scopo del tuo negozio e la sua posizione nel mercato. Ad esempio, la missione di un negozio di abbigliamento online potrebbe essere: "Fornire moda di qualità a prezzi accessibili ai nostri clienti".

I valori del tuo negozio, d'altra parte, sono i principi fondamentali che guidano le tue decisioni e le tue azioni come proprietario di un negozio. Potresti voler concentrarti su valori come la qualità, l'affidabilità, l'innovazione o la sostenibilità. Una volta che hai definito la tua missione e i tuoi valori, puoi utilizzarli come base per la creazione del tuo logo e dell'immagine di marca complessiva.

Scelta del logo

Il logo è un elemento chiave dell'immagine di marca del tuo negozio. Il tuo logo dovrebbe rappresentare la tua missione e i tuoi valori in modo chiaro e visibile. Un buon logo dovrebbe essere semplice, memorabile e distintivo.

Puoi decidere di creare il tuo logo da solo, assumere un designer grafico o utilizzare uno strumento di progettazione online. Indipendentemente dal metodo che scegli, assicurati di testare diverse opzioni e di chiedere il feedback ai tuoi amici e ai tuoi clienti.

Il tuo logo dovrebbe apparire in diversi formati, compresi i social media, le tue pagine del sito web e le tue fatture. Assicurati che il tuo logo sia leggibile in ogni formato e che sia coerente con la tua immagine di marca.

Definizione della tua immagine di marca

Una volta che hai scelto il tuo logo e definito la tua missione e i tuoi valori, puoi passare alla definizione della tua immagine di marca complessiva. La tua immagine di marca dovrebbe riflettere il tuo stile e la tua personalità come proprietario di un negozio e dovrebbe essere coerente in tutti i tuoi messaggi di marketing.

La tua immagine di marca può includere elementi come i colori del tuo sito web, il design delle tue pubblicità e il tono della tua comunicazione con i clienti. Cerca di mantenere la tua immagine di marca coerente e riconoscibile in ogni aspetto della tua attività.

Comunicazione della tua immagine di marca

Una volta che hai definito la tua immagine di marca, è importante comunicarla ai tuoi clienti in modo efficace. Una buona strategia di comunicazione dovrebbe includere una combinazione di canali, come i social media, la pubblicità online e le e-mail di marketing.

Utilizza i social media per condividere la tua storia e per creare una connessione con i tuoi clienti. Puoi anche utilizzare la pubblicità online per raggiungere un pubblico più ampio e per aumentare la visibilità del tuo negozio. Assicurati di includere il tuo logo e di mantenere una coerenza nella tua immagine di marca in tutti i messaggi pubblicitari.

Le e-mail di marketing possono essere un ottimo modo per comunicare la tua immagine di marca ai tuoi clienti esistenti. Utilizza un tono amichevole e personale e assicurati di includere il tuo logo e i tuoi colori aziendali per mantenere una coerenza nell'immagine di marca.

Conclusioni

La creazione di un'immagine di marca forte richiede tempo e sforzi, ma può avere un grande impatto sulla tua attività. Definire la tua missione e i tuoi valori, scegliere il tuo logo, definire la tua immagine di marca e comunicarla efficacemente ai tuoi clienti sono i passaggi fondamentali per creare un'immagine di marca di successo per il tuo negozio.

Assicurati di mantenere la coerenza nell'immagine di marca in tutti gli aspetti della tua attività e di adattare la tua strategia di comunicazione in base alle esigenze dei tuoi clienti e del tuo mercato. Con il tempo e con la coerenza nella tua immagine di marca, puoi creare una base di clienti fedeli che si identificano con il tuo negozio e con la tua immagine di marca.

CAPITOLO 15 – GESTIONE DEL SERVIZIO CLIENTI

Questo capitolo tratterà dell'importanza del servizio clienti nel dropshipping e di come gestirlo in modo efficace.

Il servizio clienti è uno degli aspetti più importanti del dropshipping, in quanto i clienti potrebbero avere molte domande o problemi con i prodotti che acquistano. La gestione efficace del servizio clienti può fare la differenza tra un cliente soddisfatto che torna a fare acquisti nel tuo negozio e uno che lascia una recensione negativa e va altrove.

In questo capitolo, esploreremo l'importanza del servizio clienti nel dropshipping e come gestirlo in modo efficace.

Importanza del servizio clienti nel dropshipping Il dropshipping ha reso l'e-commerce accessibile a molte persone, ma ciò ha anche portato ad un aumento della concorrenza e alla necessità di distinguersi dai competitor. Un modo per farlo è offrire un servizio clienti eccellente.

I clienti vogliono sentirsi ascoltati, rispettati e supportati. Quando un cliente ha un problema con un prodotto, vuole essere in grado di contattare il venditore facilmente e ricevere una risposta veloce e utile. Inoltre, un buon servizio clienti può aiutare a ridurre il numero di resi e di richieste di rimborso.

Come gestire il servizio clienti nel dropshipping La gestione del servizio clienti nel dropshipping può essere un po' complicata, ma ci sono alcune cose che puoi fare per gestirlo in modo efficace:

27. Offrire diversi canali di contatto

Offrire diversi canali di contatto come e-mail, chat dal vivo o supporto telefonico può aiutare i clienti a scegliere il modo più comodo per contattarti. Inoltre, utilizzare una piattaforma di supporto clienti può aiutarti a gestire le richieste in modo organizzato.

28. Rispondere in modo tempestivo

I clienti vogliono risposte rapide alle loro domande e problemi. Assicurati di rispondere alle richieste entro 24 ore e di fornire informazioni dettagliate e precise. In questo modo, i clienti si sentiranno ascoltati e rispettati.

29. Essere gentili e disponibili

Assicurati di parlare con i clienti in modo gentile e disponibile. Se un cliente è arrabbiato o frustrato, cerca di mantenere la calma e di risolvere il problema in modo professionale. Un atteggiamento positivo può aiutare a risolvere i problemi e a creare una buona impressione sul tuo negozio.

30. Essere proattivi

Non aspettare che i clienti si lamentino prima di offrire supporto. Puoi inviare e-mail di follow-up o sondaggi per assicurarti che i clienti siano soddisfatti dei loro acquisti e per raccogliere feedback su come migliorare il servizio clienti.

31. Risolvere i problemi in modo rapido ed efficace

Quando un cliente ha un problema con un prodotto, cerca di risolverlo il più rapidamente possibile. Puoi offrire una sostituzione o un rimborso se necessario, ma cerca sempre di trovare una soluzione che soddisfi il cliente e che sia anche vantaggiosa per il tuo negozio.

32. Prendersi cura dei clienti fedeli

I clienti fedeli sono la spina dorsale del tuo business; quindi, è importante prendersi cura di loro. Offrire sconti esclusivi, offerte speciali o omaggi può aiutare a fidelizzare i clienti e farli sentire apprezzati.

Assumere personale dedicato al servizio clienti

33. Se il tuo negozio stesse crescendo, potrebbe essere utile assumere personale dedicato al servizio clienti. Questi dipendenti possono aiutarti a gestire il flusso di richieste in entrata e a fornire supporto di alta qualità ai clienti.

Utilizzare chatbot o automazione del servizio clienti

34. Se non hai le risorse per assumere personale dedicato al servizio clienti, puoi considerare l'utilizzo di chatbot o dell'automazione del servizio clienti. Questi strumenti possono aiutare a gestire le richieste in modo efficiente e rapido.

Conclusioni La gestione del servizio clienti nel dropshipping è una parte importante del tuo business e può fare la differenza tra un cliente soddisfatto e uno che lascia recensioni negative. Offrire diversi canali di contatto, rispondere in modo tempestivo, essere gentili e disponibili, essere proattivi, risolvere i problemi in modo rapido ed efficace, prendersi cura dei clienti fedeli, assumere personale dedicato al servizio clienti e utilizzare chatbot o automazione del servizio clienti sono alcune delle strategie che puoi adottare per gestire il servizio clienti in modo efficace. Investire nella gestione del servizio clienti può aiutare a fidelizzare i clienti e ad aumentare il successo del tuo business.

CAPITOLO 16
- UTILIZZO DI INFLUENCER PER PROMUOVERE I TUOI PRODOTTI

In questo capitolo si discuterà di come utilizzare gli influencer per promuovere i tuoi prodotti e aumentare le vendite.

In questo capitolo, esploreremo come utilizzare gli influencer per promuovere i tuoi prodotti e aumentare le vendite. Gli influencer sono diventati una parte importante del marketing digitale, in quanto hanno un pubblico fedele e coinvolto che può essere utilizzato per promuovere i prodotti. Vedremo come trovare influencer adatti alla tua nicchia di mercato, come lavorare con loro e come misurare il successo della tua campagna di influencer marketing.

Cos'è l'Influencer Marketing? L'influencer marketing è una forma di marketing digitale che utilizza influencer, ovvero persone con un grande seguito sui social media, per promuovere prodotti o servizi. Gli influencer sono spesso considerati esperti nella loro nicchia di mercato e hanno un pubblico fedele e coinvolto che li segue sui social media. Questo rende l'influencer marketing un modo efficace per raggiungere un pubblico specifico e aumentare le vendite.

Come trovare influencer adatti alla tua nicchia di mercato? La prima cosa da fare è identificare la tua nicchia di mercato e trovare influencer che abbiano un pubblico simile. Puoi utilizzare strumenti di ricerca come BuzzSumo o BrandSnob per trovare influencer che parlano della tua nicchia di mercato sui social media.

Inoltre, puoi utilizzare hashtags e parole chiave pertinenti alla tua nicchia di mercato per trovare influencer su Instagram e Twitter. Ad esempio, se vendi prodotti per la cura della pelle, puoi cercare hashtag come #skincare o #beauty per trovare influencer che parlano di questi argomenti.

Una volta che hai trovato gli influencer adatti alla tua nicchia di mercato, è importante valutare la loro autenticità e l'efficacia della loro presenza sui social media. Verifica se hanno già lavorato con altri marchi simili al tuo e verifica la loro fedeltà al pubblico. Gli influencer che hanno un pubblico genuinamente coinvolto sono spesso più efficaci nella promozione dei prodotti.

Come lavorare con gli influencer? Una volta che hai identificato gli influencer adatti alla tua nicchia di mercato, puoi iniziare a lavorare con loro. Ecco alcuni consigli utili:

35. Offri un compenso giusto: gli influencer si aspettano di essere pagati per il loro lavoro. Assicurati di offrire un compenso equo per il loro tempo e la loro visibilità sui social media.

36. Sii chiaro sulle aspettative: è importante essere chiaro su cosa ti aspetti dall'influencer. Definisci il tipo di contenuto che vuoi che creino e quale messaggio vuoi che trasmettano.

37. Lascia spazio per la creatività: sebbene sia importante specificare le aspettative, è anche importante lasciare spazio per la creatività dell'influencer. Gli influencer hanno un pubblico fedele perché il loro contenuto è unico e interessante.

38. Condividi la tua strategia: assicurati che l'influencer comprenda la tua strategia di marketing e come il loro contributo si integra in essa.

39. Stabilisci un rapporto di collaborazione: l'influencer marketing è una collaborazione tra il marchio e l'influencer. Stabilisci un rapporto di collaborazione positivo e rispettoso per creare un'esperienza di lavoro efficace e duratura.

40. Come misurare il successo della tua campagna di influencer marketing? La misurazione del successo della tua campagna di influencer marketing dipende dagli obiettivi che hai stabilito inizialmente. Tuttavia, ci sono alcune metriche comuni che puoi utilizzare per valutare l'efficacia della tua campagna di influencer marketing:

41. Engagement: controlla il livello di coinvolgimento generato dai post dell'influencer sulla tua pagina aziendale sui social media. Il coinvolgimento può essere misurato tramite like, commenti e condivisioni.

42. Reach: il numero di persone che hanno visualizzato i post dell'influencer sulla tua pagina aziendale sui social media. Questo può essere misurato tramite le analisi delle pagine aziendali sui social media.

43. Click-through: il numero di persone che hanno cliccato sui link inclusi nel post dell'influencer per visitare il tuo sito web o effettuare un acquisto. Questo può essere misurato tramite gli strumenti di tracciamento delle conversioni come Google Analytics.

44. Conversions: il numero di persone che hanno effettivamente acquistato i tuoi prodotti dopo aver visto il post dell'influencer. Questo può essere misurato tramite gli strumenti di tracciamento delle conversioni come Google

Analytics.

Inoltre, puoi anche chiedere all'influencer di fornirti dati sulle loro metriche personali come il numero di follower, l'engagement rate e il reach delle loro pagine sui social media.

In conclusione, l'utilizzo di influencer per promuovere i tuoi prodotti è un modo efficace per raggiungere un pubblico specifico e aumentare le vendite. Tuttavia, è importante trovare gli influencer adatti alla tua nicchia di mercato, lavorare con loro in modo chiaro e trasparente e misurare l'efficacia della tua campagna di influencer marketing per garantire il successo a lungo termine della tua attività.

CAPITOLO 17 - GESTIONE DEL MAGAZZINO E DELLA LOGISTICA

Questo capitolo coprirà la gestione del magazzino e della logistica nel dropshipping, inclusa la scelta del metodo di spedizione e della logistica.

Nel dropshipping, la gestione del magazzino e della logistica è fondamentale per garantire che i prodotti vengano consegnati ai clienti in modo rapido ed efficiente. In questo capitolo, esploreremo la gestione del magazzino e della logistica nel dropshipping, dalla scelta del metodo di spedizione alla gestione del magazzino.

Scelta del Metodo di Spedizione

Il metodo di spedizione è una parte importante della gestione della logistica. Nel dropshipping, il metodo di spedizione scelto deve essere affidabile e rapido. Alcuni dei metodi di spedizione più comuni includono:

- Posta prioritaria: la posta prioritaria è uno dei metodi

di spedizione più economici, ma anche il più lento. Se il tuo cliente è disposto ad aspettare un po' più a lungo per il prodotto, la posta prioritaria può essere un'opzione conveniente.

- Spedizione espressa: la spedizione espressa è un metodo di spedizione più veloce e affidabile. Tuttavia, questo metodo di spedizione può essere costoso, il che potrebbe influire sui tuoi margini di profitto.
- Servizio di corriere: i servizi di corriere offrono la massima velocità di spedizione e affidabilità. Tuttavia, questo metodo di spedizione è anche il più costoso.

Quando scegli il metodo di spedizione, devi considerare il tipo di prodotto che vendi, il tuo target di mercato e il tuo budget. Assicurati di offrire opzioni di spedizione diverse per soddisfare le esigenze dei tuoi clienti.

Gestione del Magazzino Anche se nel dropshipping non è necessario gestire un magazzino fisico, è comunque importante gestire i tuoi prodotti e mantenere un inventario aggiornato. Puoi utilizzare un sistema di gestione dell'inventario per tenere traccia dei tuoi prodotti e delle quantità disponibili. Inoltre, dovresti considerare la gestione del magazzino virtuale e l'organizzazione dei prodotti.

- Gestione del Magazzino Virtuale: Utilizzando un sistema di gestione dell'inventario, puoi monitorare i tuoi prodotti e le quantità disponibili. Inoltre, puoi programmare i tuoi ordini e monitorare il processo di spedizione. Ciò garantirà che i tuoi clienti ricevano i prodotti in modo tempestivo.
- Organizzazione dei Prodotti: Organizzare i prodotti nel tuo magazzino virtuale è importante per facilitare la spedizione e garantire l'efficienza. Ad esempio, puoi organizzare i prodotti in base al tipo o alla categoria, in modo da poter trovare facilmente ciò che ti serve quando devi spedire un

ordine.

Gestione della Logistica

La gestione della logistica è fondamentale per garantire che i prodotti vengano consegnati ai clienti in modo tempestivo. Ecco alcuni consigli utili per la gestione della logistica nel dropshipping:

- Monitora i tempi di spedizione: monitora i tempi di spedizione dei tuoi fornitori e assicurati che siano in grado di spedire i prodotti in modo tempestivo. Inoltre, tieni traccia dei tempi di consegna stimati e comunicali ai tuoi clienti in modo che possano pianificare di conseguenza.
- Comunica con i fornitori: la comunicazione con i fornitori è importante per garantire che i prodotti vengano consegnati in modo tempestivo e per gestire eventuali problemi. Assicurati di avere un buon rapporto con i tuoi fornitori e di comunicare regolarmente con loro per mantenere una buona relazione di lavoro.
- Monitora le spedizioni: monitorare le spedizioni è importante per garantire che i prodotti vengano consegnati ai clienti in modo tempestivo. Puoi utilizzare un sistema di tracciamento delle spedizioni per monitorare lo stato delle spedizioni in tempo reale e assicurarti che i prodotti siano consegnati al momento giusto.
- Offri un servizio clienti efficiente: il servizio clienti è fondamentale per garantire la soddisfazione del cliente e la fidelizzazione. Assicurati di fornire un servizio clienti efficiente, disponibile e professionale. Rispondi alle domande dei clienti in modo tempestivo e risolvi i problemi rapidamente.

Conclusione La gestione del magazzino e della logistica è fondamentale per garantire il successo nel dropshipping. Dovresti scegliere il metodo di spedizione più adatto alle esigenze dei tuoi clienti e del tuo business, gestire il tuo magazzino virtuale e organizzare i tuoi prodotti in modo efficiente. Inoltre, dovresti monitorare i tempi di spedizione, comunicare con i fornitori, monitorare le spedizioni e offrire un servizio clienti efficiente. Con una gestione efficace del magazzino e della logistica, puoi garantire che i prodotti vengano consegnati ai clienti in modo tempestivo ed efficiente, migliorando la tua reputazione e il tuo successo nel dropshipping.

CAPITOLO 18 - MONITORAGGIO DELLA CONCORRENZA

In questo capitolo si parlerà di
come monitorare la concorrenza
nel tuo mercato di nicchia e di
come utilizzare queste informazioni
per migliorare il tuo business.

Il monitoraggio della concorrenza è un aspetto critico per qualsiasi business, specialmente per quelli in un mercato di nicchia. In questo capitolo, esploreremo come monitorare la concorrenza nel tuo mercato di nicchia e come utilizzare queste informazioni per migliorare il tuo business.

Identificazione dei concorrenti

Il primo passo per monitorare la concorrenza è identificare chi sono i tuoi concorrenti. In un mercato di nicchia, i concorrenti possono essere meno evidenti rispetto ai mercati più ampi, quindi è importante fare una ricerca accurata.

Puoi iniziare la ricerca dei concorrenti utilizzando i motori di ricerca, i social media e i siti di recensioni. Analizza i siti web dei tuoi concorrenti e cerca di capire il loro modello di business, i loro prezzi, la qualità dei prodotti e i loro punti di forza e di debolezza.

Ricerca sui prezzi

Il prezzo è un fattore critico nel mercato di nicchia. Devi assicurarti che i tuoi prezzi siano competitivi, ma anche che tu possa guadagnare abbastanza da coprire i tuoi costi e generare profitto.

Per fare questo, è importante tenere traccia dei prezzi dei tuoi concorrenti. Puoi utilizzare strumenti online, come Google Shopping, per confrontare i prezzi dei tuoi prodotti con quelli dei tuoi concorrenti. Inoltre, puoi anche controllare i siti web dei tuoi concorrenti per vedere se hanno offerte speciali o sconti che potrebbero influire sulla tua strategia di prezzi.

Analisi delle strategie di marketing

Oltre ai prezzi, le strategie di marketing dei tuoi concorrenti possono influenzare il tuo business. Analizza le loro campagne di marketing, i loro canali di social media e le loro strategie di e-mail marketing per capire cosa funziona e cosa no.

Inoltre, puoi anche controllare i loro contenuti, come blog e video, per capire come comunicano con i loro clienti e quali argomenti affrontano. Questo può aiutarti a creare contenuti simili o diversi, ma comunque in grado di attirare l'attenzione del tuo pubblico.

Feedback dei clienti

Il feedback dei clienti è un altro aspetto importante da monitorare nella tua ricerca di concorrenti. Cerca di capire quali sono i punti di forza e di debolezza dei tuoi concorrenti, leggendo le recensioni dei clienti sui loro siti web, sui social media e sui siti di recensioni.

Analizza i loro feedback e cerca di capire come puoi migliorare il tuo business. Ad esempio, se i clienti dei tuoi concorrenti si lamentano della qualità dei loro prodotti, assicurati di fornire prodotti di alta qualità ai tuoi clienti. Inoltre, se i clienti dei tuoi concorrenti hanno problemi di spedizione, assicurati di utilizzare un metodo di spedizione affidabile e veloce.

Utilizzo delle informazioni per migliorare il tuo business

Una volta che hai raccolto informazioni sui tuoi concorrenti, devi utilizzarle per migliorare il tuo business. Ecco alcuni modi per farlo:

• Migliora i prezzi: Utilizza le informazioni sui prezzi dei tuoi concorrenti per stabilire i tuoi prezzi in modo competitivo. Assicurati di avere margini di profitto adeguati a coprire i costi e generare profitto.

• Migliora la qualità dei prodotti: Se i clienti dei tuoi concorrenti si lamentano della qualità dei loro prodotti, cerca di fornire prodotti di alta qualità ai tuoi clienti. Investi in ricerca e sviluppo per migliorare continuamente la qualità dei tuoi prodotti.

• Migliora la strategia di marketing: Utilizza le informazioni sulla strategia di marketing dei tuoi concorrenti per migliorare la tua strategia di marketing. Sperimenta con nuovi canali di marketing e nuove tattiche per raggiungere il tuo pubblico.

• Migliora l'esperienza del cliente: Utilizza le informazioni sui feedback dei clienti dei tuoi concorrenti per migliorare l'esperienza del cliente. Assicurati di fornire un servizio clienti di alta qualità e di rispondere tempestivamente alle richieste dei tuoi clienti.

Conclusioni

In sintesi, il monitoraggio della concorrenza è un aspetto critico per qualsiasi business, specialmente per quelli in un mercato di nicchia. Identificare i tuoi concorrenti, monitorare i loro prezzi, le loro strategie di marketing e il feedback dei loro clienti ti permetterà di migliorare il tuo business e di rimanere competitivo. Utilizza queste informazioni per fare miglioramenti continui nel tuo business e per distinguerti dai tuoi concorrenti.

CAPITOLO 19 - GESTIONE DELLE TASSE E DELLE LEGGI SUL COMMERCIO ELETTRONICO

Questo capitolo coprirà la gestione delle tasse e delle leggi sul commercio elettronico, inclusa la conformità alle normative fiscali e alla protezione dei dati dei clienti.

Il commercio elettronico è diventato sempre più popolare negli ultimi anni, grazie alla comodità e alla facilità di acquisto offerte ai clienti. Tuttavia, il commercio elettronico porta anche con sé alcune sfide, in particolare per quanto riguarda la gestione delle tasse e delle leggi sul commercio elettronico. In questo capitolo, esploreremo come gestire le tasse e le leggi sul commercio elettronico per garantire la conformità alle normative fiscali e la protezione dei dati dei clienti.

Gestione delle tasse sul commercio elettronico

La gestione delle tasse sul commercio elettronico è una

questione critica per qualsiasi imprenditore online. La maggior parte dei Paesi ha leggi specifiche che regolamentano la tassazione del commercio elettronico; quindi, è importante che i venditori online siano a conoscenza di queste leggi e le rispettino.

La tassazione del commercio elettronico dipende dalla giurisdizione e dalle leggi fiscali del Paese in cui si effettua la vendita. Ad esempio, negli Stati Uniti, i venditori online devono raccogliere la tassa sulle vendite in tutti gli Stati in cui hanno una presenza fisica. In altri Paesi, la tassa sulle vendite può essere dovuta solo se il venditore supera una certa soglia di fatturato o di vendite in un dato periodo di tempo.

Per gestire le tasse sul commercio elettronico, i venditori online dovrebbero cercare di ottenere informazioni accurate sulla tassazione nella propria giurisdizione e valutare se è necessario utilizzare un software di gestione delle tasse o un servizio di contabilità per garantire la conformità.

Protezione dei dati dei clienti

La protezione dei dati dei clienti è un'altra importante considerazione per i venditori online. I dati dei clienti possono essere facilmente violati, quindi è importante che i venditori online proteggano le informazioni personali dei clienti.

Per proteggere i dati dei clienti, i venditori online dovrebbero considerare l'implementazione di una politica di privacy chiara e trasparente e assicurarsi di rispettare tutte le leggi e le normative sulla protezione dei dati dei clienti nella propria giurisdizione.

Inoltre, i venditori online dovrebbero anche considerare l'implementazione di protocolli di sicurezza dei dati, come la crittografia, per proteggere i dati dei clienti durante il trasferimento e il salvataggio.

Conformità alle normative fiscali

La conformità alle normative fiscali è un'altra importante considerazione per i venditori online. I venditori online dovrebbero garantire di essere conformi alle leggi fiscali nella propria giurisdizione.

Ad esempio, in molti Paesi, i venditori online sono tenuti a registrarsi per la tassa sulle vendite o la tassa sul valore aggiunto (IVA) se superano una certa soglia di fatturato o di vendite. Inoltre, i venditori online dovrebbero anche tenere registri accurati delle transazioni fiscali e presentare regolarmente dichiarazioni fiscali per garantire la conformità.

Per garantire la conformità alle normative fiscali, i venditori online dovrebbero cercare informazioni accurate sulla tassazione nella propria giurisdizione e consultare un professionista fiscale o un commercialista per garantire la corretta registrazione fiscale e la presentazione di dichiarazioni fiscali.

Inoltre, i venditori online dovrebbero anche considerare l'utilizzo di un software di gestione fiscale o di un servizio di contabilità per semplificare la gestione delle tasse e delle dichiarazioni fiscali.

Infine, i venditori online dovrebbero anche essere a conoscenza delle normative fiscali internazionali e della possibilità di dover pagare le tasse nei Paesi in cui vendono i loro prodotti.

Conclusioni

In sintesi, la gestione delle tasse e delle leggi sul commercio elettronico è una questione critica per i venditori online. La tassazione del commercio elettronico dipende dalla giurisdizione e dalle leggi fiscali del Paese in cui si effettua la vendita; quindi, è importante che i venditori online siano a conoscenza di queste leggi e le rispettino.

Inoltre, i venditori online devono anche considerare la protezione dei dati dei clienti e garantire la conformità alle normative fiscali nella propria giurisdizione. Per farlo, possono utilizzare software di gestione fiscale o servizi di contabilità per semplificare la gestione delle tasse e delle dichiarazioni fiscali e consultare un professionista fiscale o un commercialista per garantire la corretta registrazione fiscale e la presentazione di dichiarazioni fiscali.

In un mondo sempre più digitale, la gestione delle tasse e delle leggi sul commercio elettronico diventa sempre più importante per garantire il successo degli imprenditori online e la protezione dei dati dei clienti.

EPILOGO

L'epilogo è il momento in cui il libro arriva alla sua conclusione e tutto viene messo in prospettiva. In questo caso, il libro "Shopify Dropshipping: Guadagna Online con la Vendita di Prodotti Senza Possederli" di Greta Perla ha offerto un'ampia panoramica del mondo del dropshipping, fornendo informazioni dettagliate su come iniziare un'attività di dropshipping su Shopify e guadagnare online vendendo prodotti senza possederli.

L'epilogo del libro rappresenta quindi un momento importante per riflettere sul percorso di apprendimento che il lettore ha intrapreso e sulle opportunità che il dropshipping su Shopify può offrire.

Innanzitutto, è importante notare come il dropshipping su Shopify stia diventando sempre più popolare, grazie alla sua facilità d'uso e alle potenzialità di guadagno. Tuttavia, come ogni attività imprenditoriale, il dropshipping richiede impegno, dedizione e perseveranza per ottenere successo.

Il libro ha fornito informazioni dettagliate su come iniziare un'attività di dropshipping su Shopify, tra cui la scelta dei prodotti da vendere, la ricerca di fornitori affidabili, la gestione delle finanze e la promozione dei prodotti.

Inoltre, il libro ha anche sottolineato l'importanza di essere in grado di adattarsi alle tendenze del mercato e di tenere d'occhio la concorrenza, al fine di mantenere un vantaggio competitivo.

Infine, l'epilogo del libro offre ai lettori l'opportunità di riflettere sulle lezioni apprese e sui passi successivi da intraprendere per continuare il proprio percorso nel mondo del dropshipping su Shopify. Che si tratti di iniziare la propria attività o di migliorare quella esistente, il dropshipping su Shopify può offrire opportunità di guadagno e di crescita imprenditoriale senza precedenti.

In definitiva, il libro di Greta Perla offre una guida completa e dettagliata al mondo del dropshipping su Shopify, fornendo al lettore gli strumenti necessari per iniziare e avere successo in questa attività imprenditoriale in continua evoluzione.

POSTFAZIONE

La fine di un libro non significa la fine del viaggio. In questa postfazione, voglio riflettere sui temi trattati in questo libro e fornire ulteriori informazioni per coloro che desiderano approfondire la conoscenza del dropshipping e del commercio elettronico.

In questo libro abbiamo esplorato il mondo del dropshipping, una forma di vendita online che consente ai venditori di vendere prodotti senza doverli possedere fisicamente. Abbiamo discusso dei vantaggi e degli svantaggi del dropshipping e fornito consigli su come avviare un'attività di dropshipping di successo utilizzando la piattaforma Shopify.

Abbiamo anche discusso di altre importanti considerazioni per i venditori online, come la gestione delle tasse e delle leggi sul commercio elettronico e la protezione dei dati dei clienti. Questi sono tutti fattori critici da considerare per garantire la conformità alle normative fiscali e la protezione dei dati dei clienti.

Tuttavia, è importante notare che il dropshipping non è l'unica forma di vendita online disponibile. Ci sono molte altre opzioni da considerare, come la vendita di prodotti digitali, l'affiliazione e la vendita di prodotti artigianali su piattaforme come Etsy.

Inoltre, il commercio elettronico è in continua evoluzione e ci sono sempre nuove tendenze e tecnologie da seguire. Ad esempio, la crescente importanza del mobile commerce e dell'intelligenza artificiale sta cambiando il modo in cui le persone acquistano online.

Per coloro che desiderano approfondire la conoscenza del dropshipping e del commercio elettronico, consiglio di continuare a leggere libri, seguire blog e podcast di settore e partecipare a conferenze e webinar. L'apprendimento continuo è essenziale per rimanere al passo con le ultime tendenze e tecnologie del settore.

In conclusione, spero che questo libro abbia fornito informazioni utili e ispirazione per coloro che desiderano avviare un'attività di dropshipping di successo. Ricorda sempre di considerare tutte le importanti considerazioni per i venditori online e di continuare ad apprendere e crescere nel mondo del commercio elettronico.

RINGRAZIAMENTO

Carissimi lettori,

sono felice e grata di aver avuto la possibilità di condividere con voi le mie conoscenze e la mia esperienza riguardo al mondo del dropshipping con Shopify.

Vorrei ringraziare innanzitutto voi, lettori, per aver scelto di acquistare e leggere questo libro. Spero che le informazioni contenute in esso possano esservi di aiuto e supporto nella vostra attività di dropshipping.

Un ringraziamento speciale va al mio editore, che ha creduto in questo progetto e mi ha dato l'opportunità di realizzarlo. Grazie per il vostro supporto costante e la vostra professionalità.

Vorrei inoltre ringraziare tutti coloro che mi hanno supportata durante la stesura di questo libro, dai miei amici e familiari che mi hanno incoraggiata e sostenuta, ai colleghi e agli esperti del settore che mi hanno dato consigli preziosi e condiviso le loro conoscenze.

Desidero anche esprimere la mia gratitudine a tutti i lettori che hanno inviato feedback e suggerimenti. Sono grata per il vostro supporto e la vostra attenzione.

Infine, un ringraziamento speciale va a coloro che lavorano nel settore del dropshipping e del commercio elettronico. Grazie per la vostra passione e dedizione nel portare avanti i vostri progetti e per aver contribuito a rendere questo mercato così dinamico e innovativo.

Con sincera gratitudine,

Greta Perla

INFORMAZIONI
SULL'AUTORE

Greta Perla

Buongiorno a tutti, sono Greta Perla e sono un'autrice e una blogger. Ho scritto diversi libri su argomenti come la chat GPT e le strategie di TikTok. Sono appassionata di scrittura fin dall'infanzia e ho sempre desiderato diventare un'autrice di successo.

Ho conseguito una laurea in Scienze della Comunicazione presso l'Università degli Studi di Milano e ho successivamente frequentato un corso di scrittura creativa presso un istituto di formazione professionale. Ho iniziato la mia carriera come blogger, scrivendo su diversi argomenti come la tecnologia, la moda e la bellezza.

Ho scritto il mio primo libro sulla chat GPT dopo aver scoperto la tecnologia e le sue infinite possibilità. Sono stata molto entusiasta di poter esplorare questo argomento e di condividerlo con i miei lettori. Successivamente, ho scritto un altro libro sulle strategie di TikTok, poiché ho notato l'enorme successo di questa piattaforma e ho voluto fornire ai miei lettori un'analisi dettagliata delle migliori strategie per avere successo su questa piattaforma.

Sono una persona molto curiosa e mi piace approfondire i miei interessi. Mi piace leggere libri su una vasta gamma di argomenti, dal marketing digitale alla psicologia, dall'arte alla storia. Mi piace anche viaggiare e scoprire nuove culture e nuovi modi di pensare.

Il mio obiettivo come autrice è di fornire ai miei lettori informazioni dettagliate e utili che possano aiutarli nella loro vita quotidiana. Spero di continuare a scrivere libri su argomenti interessanti e utili e di condividere la mia passione per la scrittura con il mondo intero. Grazie per avermi dato la possibilità di parlare di me e della mia carriera.

LIBRI DI QUESTO AUTORE

Chat Gpt Revolution: La Guida Definitiva Per Guadagnare Con L'intelligenza Artificiale

Sei pronto a scoprire come monetizzare al massimo l'Intelligenza Artificiale? Questo libro ti guiderà attraverso 16 capitoli pieni di strategie efficaci per sfruttare al meglio Chat GPT e generare entrate passive. Impara come creare prodotti digitali di successo, vendere servizi, gestire i social media e altro ancora, tutto utilizzando la potenza di Chat GPT. Con le informazioni contenute in questo libro, sarai in grado di automatizzare il processo e dedicarti ad altro, mentre i tuoi guadagni aumentano costantemente. Non perdere l'opportunità di scoprire i segreti del successo con Chat GPT e trasformare la tua passione in un'attività redditizia.

Chat GPT "Revolution": La Guida Definitiva per Guadagnare con l'Intelligenza Artificiale, scritto da Greta Perla, è il libro che ti insegna come sfruttare al meglio la tecnologia di Chat GPT per guadagnare con l'intelligenza artificiale. Con la crescente domanda di soluzioni innovative e automatizzate, l'Intelligenza Artificiale rappresenta uno dei settori in più rapida crescita. Questo libro ti offre una panoramica completa sull'utilizzo di Chat GPT per creare applicazioni intelligenti, implementare soluzioni automatizzate e gestire progetti di startup in modo più efficiente. Impara come utilizzare Chat GPT per migliorare la produttività del tuo team, coordinare le attività, monitorare i progressi e gestire le scadenze in modo più efficace. Scopri le opportunità di guadagno offerte dall'Intelligenza Artificiale e diventa un esperto di Chat GPT. Se sei interessato ad apprendere le tecniche più avanzate per guadagnare con l'Intelligenza Artificiale, questo libro è la scelta giusta per te.